창작과 삶 사이,
편지가 있었다

창작과 삶 사이, 편지가 있었다

김정숙 심연주 지음

서문

고마운 사람을 만나 깊은 감사를 느끼는 것은 인생의 더할 나위 없는 큰 복입니다.

저는 지금도 그 고마운 사람, 연주의 나이를 모릅니다. 그저 이름이 다를 뿐.

내가 나이가 더 많고, 경험이 많아서, 마주하지 못했던 순간이 없었듯이 연주는 함께 하는 모든 순간에 진심으로 공감하며 손바닥을 마주쳐 주었습니다.

돌이켜 생각해 보면 연주는 이야기를 풀어내는 신묘한 재주가 있는 듯합니다. 사람의 이야기에 관심을 갖는 일, 더하여 맥을 짚고 풀어내는 것은 사람에 대한 사랑 없이는 하기 어려운 일입니다.

언제나 연주를 만나 서리서리 맺힌 이야기를 나누고 오는 날은 가슴이 시원하였습니다.

그래서 우리 이야기를 책으로 만들어 나누자는 의견에 덥석 숟가락을 얹었습니다.

편지가 오가는 길은 윤동주 님의 '자화상' 시를 따라가는 것처럼 걸음걸음이 울렁거렸습니다.

    때로는 버스정류장에 앉아, 또는 나리는 눈발 사이로, 편지를 쓰고 저를 비추어 보았습니다.
    합장한 손 너머로 고개를 숙인 한 사람이 있습니다.
    저를 사랑으로 비추어진 연주는 참 고마운 거울이었습니다.

    그리고 무대디자이너 정수미 님께도 감사드립니다. 우리 편지를 꼼꼼히 읽어 주고 장면을 그려내어 다정한 편지가 되게 하여 주었습니다.
    도서출판 모시는사람들 박길수 대표님, 덕분에 서말 구슬들이 잘 꿰어져 보배가 되었습니다. 고맙습니다.

저자 김정숙

서문

　극심한 우울증 때문에 유학 생활을 포기한 채 한국으로 돌아온 저는 인생에서 가장 어두운 터널을 걷고 있었습니다. 바람도 무심하게 차가웠던 겨울날로 기억됩니다. 유난히 조도가 낮았던 대학로 어느 카페집에서 대표님은 "얼른 먹어 연주야…"를 연신 반복하며 저의 아픈 이야기를 전심으로 들어주셨습니다. 우리의 귀한 우정의 출발일을 꼽으라면 저는 바로 그날이 떠오릅니다.

　20여 년의 짧지 않은 세월 동안 대표님과 저는 무척이나 많은 대화를 나누었습니다. 버릴 것이 없는 대화, 그대로의 자신을 내보여도 안전함이 보장되는 진정한 대화… 대표님이 들려주시는 삶과 예술에 관한 이야기는 저 혼자만 듣고 간직하기엔 너무나 아까운 것들이었습니다. '글로 써서 더 많은 이들에게 가닿으면 얼마나 좋을까?' 저의 절실한 바람을 바탕으로 이 아름다운 편지 쓰기 여정이 시작됩니다.

　가벼운 메시지가 난무하고 갈수록 소통이 짧아지는 세상 가운데에서 창작과 삶에 관한 깊은 고찰을 긴 글에 담아 실어 나르는 이 작업이 저는 참 좋았습니다. 편지들은 저와 대표님의 따스한

교감의 기록이자, 서로에게 쏟아낸 진실한 내면 독백입니다. 저희의 사적인 이야기가 독자에게 보편적 울림으로 다가가길 간절히 바랍니다.

 검은색 활자에 색채적 상상력을 입혀 주신 정수미 작가님, 곡 쓰는 작곡가에게 작가의 입문을 허락해주신 도서출판 모시는사람들 박길수 대표님과 소경희 편집장님, 무엇보다 이토록 소중한 기회를 열매 맺게 해주신 영원한 소울메이트 김정숙 대표님께 진심으로 감사드립니다.

저자 심연주

추천사

　연극 연출가 겸 극작가인 김정숙 그리고 작곡가이며 피아노 연주가인 두 공연 예술가가 편지로 속내를 털어놓는다. 속내와 실제 공연은 수렴으로 나아가지만 결코 만날 수 없다. 각기 그 나름의 독특한 소통방식으로 독자와 관객을 감동시킨다. 김정숙 연출가는 "책에서 사람 책으로 넘어와" 무대 위에서 "해원굿을" 펼치는 "무당"이다. 본인도 정작 암이 3번이나 전이되어 25여 년간 암투쟁 상태이지만 한국 근대사도 우금치, 육 이오 전쟁, 월남 전, 광주 항쟁 등 지독한 암을 수차례 겪었다. 그럼에도 불구하고 우리는 "꿈을 손에 쥐고 가는 것"이라고 나직이 속삭인다. 억울한 선조와 이웃에 대한 공감이 무대를 지배한다.

　심연주 작곡가도 무대가 "신데렐라 무도회장"일 수만은 없음을 인정한다. 무대의 환영(illusion), 꿈 그리고 현실 사이의 격차는 메꿀 수 없이 크다. 바로 예술가의 실존의 문제이며 생존과 노동의 문제이다. 그리하여 "저 또한 음표들 끌어올리느라 눈코 뜰 새 없는 부지런한 '음(音)의 어부'가 되고 싶습니다. 생존해야 하니까요"라고 토로한다.

두 사람이 만나는 지점은 작은 행복과 이웃에 대한 공감이다. 한없이 낮추어 "별거 없는 하루였어도 무탈하니 행복할 수 있고, 불운한 일 겪었다 해도 최악이 아니라면 행복할 수 있다"라는 깨달음에 이른다. 따라서 온갖 고난과 고뇌의 중심에 서 있는 김정숙은 심연주에게 "'생명의 땅'을 품고 계신 진정한 부자"이며, "꽃이 있고 나무가 무성하고 바람이 흐르고 새가 우는 그곳에서… 사람들이 깊은 쉼을 얻으며 각박한 현실에서 도무지 채울 수 없는 영혼의 허기를 달래는" 무대와 처소로 바뀐다.

전 동국대 영문과 교수, 연극비평가 황훈성

차례

*창작과 삶 사이,
편지가 있었다*

서문 / 김정숙·심연주 —— 4

추천사 / 황훈성 —— 8

#1 심연주에게 보내는 첫 번째 편지
다시 다빈치처럼 ———————————————— 15

#2 심연주에게 보내는 두 번째 편지
몸에게 미안하다고 말하는 날 ———————————— 21

#3 김정숙에게 보내는 첫 번째 편지
하루를 놓아버릴 수 있는 용기 ———————————— 26

#4 심연주에게 보내는 세 번째 편지
오늘도, 강아지똥을 새롭게 ————————————— 31

#5 심연주에게 보내는 네 번째 편지
멍의 터널을 지나며 ——————————————— 38

#6 김정숙에게 보내는 두 번째 편지
걷는 자만이 들을 수 있는 노래 ———————————— 43

#7 심연주에게 보내는 다섯 번째 편지
내 꿈은 우리였다는 걸 알게 되다 ──────────── 52

#8 심연주에게 보내는 여섯 번째 편지
연극은, 사랑으로 남는 것 ──────────────── 56

#9 김정숙에게 보내는 세 번째 편지
희망도 절망도 없이, 오늘도 쓴다 ─────────── 61

#10 심연주에게 보내는 일곱 번째 편지
사람을 만나러 가는 연극 ──────────────── 69

#11 심연주에게 보내는 여덟 번째 편지
아하! 강아지똥 ───────────────────── 73

#12 김정숙에게 보내는 네 번째 편지
딸국이와 나, 다시 시작하는 하루 ──────────── 77

#13 심연주에게 보내는 아홉 번째 편지
엄마, 저 이제 제 힘으로 살아볼게요 ────────── 88

#14 심연주에게 보내는 열 번째 편지
강아지똥의 민들레가 되기까지 ──────────── 93

#15 김정숙에게 보내는 다섯 번째 편지
나에게도 드디어 평화가 찾아오는 걸까 ─────── 97

#16 심연주에게 보내는 열한 번째 편지
마음속 작업실에 불이 켜지는 날 ────────── 103

#17 김정숙에게 보내는 여섯 번째 편지
외로움은 고독으로 두려움이 사랑으로 ─────────── 108

#18 심연주에게 보내는 열두 번째 편지
오늘은 그런 날 ──────────────────────── 118

#19 심연주에게 보내는 열세 번째 편지
태초에 이야기가 있었다 ──────────────────── 124

#20 김정숙에게 보내는 일곱 번째 편지
나의 음악, 피아노, 그리고 우울증… ─────────── 129

#21 심연주에게 보내는 열네 번째 편지
이제는 누구에게도 빚지지 않는 연극을 향하여 ──── 143

#22 심연주에게 보내는 열다섯 번째 편지
내가 나를 살리는 날 ───────────────────── 147

#23 김정숙에게 보내는 여덟 번째 편지
나의 작은 두 발로, 다시 처음부터 ──────────── 152

#24 심연주에게 보내는 열여섯 번째 편지
말은 줄이고 마음을 묻는다 ─────────────── 164

#25 김정숙에게 보내는 아홉 번째 편지
다친 손가락, 그래도 피아노… ──────────────── 166

#26 심연주에게 보내는 열일곱 번째 편지
오늘도 그 집엔 달이 뜬다 ─────────────── 175

창작과 삶 사이,
편지가 있었다

#27 심연주에게 보내는 열여덟 번째 편지
꿈을 손에 꼭 쥔 여자, 에딘버러를 걷다 —————————— 180

#28 김정숙에게 보내는 열 번째 편지
음(音)의 어부, 사랑으로 그물을 던지다 —————————— 187

#29 심연주에게 보내는 열아홉 번째 편지
진짜 모시는 사람, 우리 집 아저씨 이야기 —————————— 197

#30 김정숙에게 보내는 열한 번째 편지
나의 행복 리스트 —————————————————————— 205

#31 김정숙에게 보내는 열두 번째 편지
사십이 넘어서야 읽히는 '엄마'라는 여자의 일생 ——————— 219

#32 심연주에게 보내는 스무 번째 편지
내 꿈에 놀러 와 ————————————————————— 232

#33 김정숙에게 보내는 열세 번째 편지
남편과 나, 우리의 러브스토리 ——————————————— 235

#34 김정숙에게 보내는 열네 번째 편지
마침표가 없는 마지막 편지 ———————————————— 252

#1 심연주에게 보내는 첫 번째 편지

다시 다빈치처럼

~~~~~~~~~~~~~~~~

연주야!
하고 부르니 좋다.
너의 웃음 가득한 맑은 눈이 동동 떠오르네.

평생 처음 연주에게 편지를 쓴다.
손안에 톡이 아닌 이메일에서 이렇게 거리감을 느끼다니, 기술의 발달이 바꿔 놓은 삶의 풍경을 다시 보네.
그래도 톡, 톡, 톡 글자가 만들어지는 것을 보니 스마트폰의 자판을 누르는 것보다 참 편안하다.

천금 같은 1월이 가고 있네.
추위를 많이 타는 탓에, 되도록 1월, 2월은 방학을 만들어 겨울

잠 자듯 보내려 했는데, 올 1월은 참 부산하게 보냈네.

단원들 공연도 보러 다니고, 밀린 책도 부지런히 챙겨보고, 무엇보다도 2월 12일에 창작실험 피칭이 있어서, 발표할 '레오나르도 다빈치의 기적' 과제를 머리에 이고 다녔네.

팬데믹이 아니었다면 빚을 내서라도 산타마리아델라그라찌에 성당 식당에 가서 〈최후의 만찬〉을 보고 왔을 텐데…. 다행히 실험 지원을 받을 수 있어서 프레스코 화도 제작해 보고, 연극무대에 쓸 영상도 실험할 수 있어서 좋고 또 바빴어.

〈최후의 만찬〉을 직접 보고 온 블로거들이 전하기로, 그림을 보는데 딱 15분의 시간이 주어진다는데, 그 15분 동안 다빈치의 흔적 앞에서 난 어떨까? 왜 난 지금 500년 전의 다빈치를 찾는 걸까?

연극을 하면서 나의 관심사는 언제나 무대와 배우와 관객이었어. 그들 사이에 내 이름은 뭐랄까, 거창하게 작가, 연출, 제작이지만, 난 핑계 혹은 이야기, 또는 뭐라 해야 하나…, 난 그들을 '모시는 사람'이지. 그들 사이에 이야기가 흐르는 것을 보는 사람. … 주모네 주모!

그런데 왜 난 불안해지기 시작했는지…. 악화가 양화를 구축한다고 하지만, 쓰나미처럼 밀려드는 이야기의 폭류를 보며, 관객들에게서 연극이 점점 멀어진다고 여기나?

극장에 앉아 무대를 바라보며 난 묻고 또 묻는다.
'나 어떻게 연극하지?'

그때 〈최후의 만찬〉을 찾아가는 여행객들을 보며 다빈치에 관심을 가졌어.
'나도 명작을 만들고 싶다!'
맛있는 것 찾아다니는 사람들 세상이니 나도 다빈치처럼 맛난 연극을 짓자. 그래서 나는 다빈치라는 동아줄을 붙잡고, 한 우울에서 빠져 나오게 되었지.

〈최후의 만찬〉 그림의 길이 4.5미터에 너비 9미터-식당 벽에 그려진 그림.

다빈치는 주문을 받아 작업을 하긴 했지만 그렇게 다작을 한 사람은 아니었어. 작품 창작이라는 기회를 통해 자신을 실현해 나갔다고 생각해. 〈모나리자〉를 주문한 사람은 자신의 그림을 받지 못했지. 다빈치가 그림을 30여 년 품에 안고 끝없이 수정하느라 주지 않았으니까….

〈최후의 만찬〉도 3년여가 걸렸으니 주위의 압박이 대단했지. 이해 받기 어렵기도 했을 거야. 사도 11명은 2~3개월 안에 그렸거든. 유다와 예수만 빼고. 요리사였던 다빈치를 생각하면 사실 식탁에 만찬 메뉴는 빈약해 보이지. 그래서 작업을 지켜보던 사람들

은 빵하고 포도주 그리는데 2년이 걸렸다고 비아냥대었지.

 그랬을까? 정말 바닷장어를 식탁에 캐스팅하고 와인 색을 찾느라 그 긴 시간 동안 '비게' 위에서 붓을 들고 사색에 빠진 걸까?

 그림을 보면 그가 무대미술가로서 다빈치, 연출가로서 다빈치, 작가로서 다빈치의 디자인과 노력이 다 보여. 자료에 의하면 그는 수도승들의 식당 출입 동선에 의한 시각의 차이를 극복하기 위한 원근법을 자유자재로 활용했고, 그림을 보는 관람객이 12사도의 동작만 보고도 내용을 이해하도록 치밀하게 동작들을 연구했어. 실제로 '말 못하는 그림'이 스토리를 잘 전달하도록 농아자들의 대화 몸짓을 연구하기도 했지.

 유다를 찾아서 밀라노 거리를 헤매는 다빈치의 뒤를 쫓으며 나는 점점 숙연해지네. 그가 프레스코 화를 선택하지 않은 것도, 식당에 설치할 그림에 템페라 오일 재료를 선택한 것도….

 어떤 사람은 그가 과학적 지식이 부족한 탓에 결국 그림이 무너져 내렸다고 하지만, 글쎄, 그의 선택은 그의 그림을 무너지게 했지만, 그 선택은 흔적만 남은 그림에서 오히려 굳건히 빛나고 있지.

 명작을 만드는 그 마음을 조금이라도 느껴 보려 눈을 잠시 감는

다.

'다시!'라는 말이 제일 먼저 떠올라.

내가 아는 이야기가 아니라 내가 모르는 이야기를 찾아 다시 캐리어를 꾸리는 마음이랄까.

어느새 익숙해진 내 연극 기술로는 나의 불안을 이겨낼 수 없을 거야. 아니, 관객들을 멈추고 돌려 세울 수 없을 거야.

난 다시 생각해야 하는 걸 알아. 다빈치처럼 메스를 들고 사람의 '살거죽'을 가르고 들여다보고 싶어. 내 손에 피를 물들이지 않고 관객의 마음을 노크 할 수 없을 거야. 디지털 쓰나미 속에서 진짜 사람을 만나는 일-연극을 내가 이어 간다면, 난 다시 행동해야 한다고 생각해.

다빈치는 나에게 좋은 멘토야. 500년이 지나도 죽지 않고 내게 예술로 살아남았으니, 참 멋져.

후에 누가 내 이름을 불러 길을 물을까….

그냥 웃자고 하는 이야기야.

편지 시작했다 연주야~!

#2 심연주에게 보내는 두 번째 편지

몸에게 미안하다고 말하는 날

～～～～～～～～～

문득, 요사이 본 연극의 선배님이 생각나.

대사를 이제 못 외우신다는 소문은 들었지만 직접 뵈니, 내 어릴 적 무대에서 빛나시던 모습과 함께, 열정 연극의 대명사로 선배님을 흠모했던 젊은 날이 생각나더라.

오히려 나도 그때가 좋았다고 미소까지 지었지.

음, 아무~ 생각 없이 오로지 연극 하나만 사모하며 꿈꾸던 날들-.

아 옛날이여…!

지금은 뜸을 뜨러 와서 배에다 뜸을 올려놓고, 손바닥에 놓인 침들을 바라보고 있지.

고요하네.

　내 안에 들끓던 생각들이 멈추고, 오직 뜸의 열기와 손바닥 침으로 집중하고 있으니, 비로소 몸이 '좋아라!' 하는 게 느껴져.
　의사 선생님 말씀이 '이제 딱 반만 하시오. 생각도 반으로 줄이고, 기 쓰는 것도 반만 하시오.' 그래서, 대답을 '예' 하고 누워 뜸을 뜨다 보니, 마음이 몸으로 절로 모아져서 참 좋다.

　이 순간에 편지 쓰고픈 네가 있어 정말 다행이야.
　내 몸뚱이를 늙은 조강지처 취급하듯 살아 온 것 같아. 평생 뚱뚱하다 모욕 주고, 가슴을 도려내는 수술을 한 뒤로, 우연이라도 거울 앞에 설라치면 못 볼 것이라도 본양 소스라치게 놀라 몸을 외면했어.
　아 서러운 내 몸이여.^^

세월이 참 재밌어. 밖으로만 돌던 마음이 슬슬 몸 쪽으로 엉덩이를 들이미는 게 느껴져. '마음'대로 안 된다는 것을 아는 나이가 이제 되었네.

숨이 안 따르고, 무릎이 꺾이고, 팔목이 아파서 주무르느라 글을 멈추네. 몸을 맘대로 하는 게 안 된다는 것을 안 후에야, 멈춰서 내 몸을 들여다보니, 꿈을 좇아 허둥거리며 살던 시간은 나를 떠나고, 내 그림자만 묵묵히 지키고 있어.

연주야!

요즘은 걷다가 정류장 의자에 앉아 중얼거리기를 좋아해. 내 몸하고 대화를 나누지. 다빈치라면 자신을 그렸을까?

요사이 정류장 쉼터에는 바람막이도 있고 따뜻한 의자도 있으니 핑계 김에 앉아서 나와 마주하기 좋더라. 그렇게 앉아서 이야기를 주절거리는 나를 보며 잠시 또 멈춘다! 하하, 이 이야기도 연주한테 해줘야지….

대체로 '지금 알아지는 것들을 그때는 왜 몰랐을까?' 하는 후회가 많더라.

세상에 스승은 많고 많아서, 인생을 가르치는 손가락도 또한 많고 많지만, 돌이켜 생각해 보면 스승의 가르침을 곡해하고, 내 욕망에 필요한 대로 편집하여 스스로 당근도 만들고, 채찍질하며 살아왔다는 자각이 후회로 남지.

요즘 꿈과 현실이 섞일 때가 있어. 대체로 자고 나면 꿈도 깨이는데, 꿈이 꿈으로 돌아가지 않고 나를 따라다녀서, '이게 실제로 있었던 일인가?' 혼동이 되는 거지. 헐~. 나이 먹으니 별일이 다 생기네….

그뿐이 아니고 잠시 '여기가 어딘가?' 싶어 어리둥절하기도 해. '휴우~.' 순간이지만 너무 무서워. 갑자기 '김정숙'이란 이야기가 빠진 나를 상상하면….

그동안 잊고 있던 원고 마감처럼, 이야기의 끝을 생각지 못한 것에 놀라는 거지. '간다, 봐라!' 하고 빈손으로 떠나신 스님처럼 나도 가겠지만, 어디로 가는지도, 언제 떠나야 하는지도 모르는데, 가져갈 것도 없다 하니 평생 기를 쓰고 지은 이야기는 한 톨도 챙길 수 없고, 남은 이야기는 세상 구름 한 조각이나 될까?

난 모를 뿐.

뜸을 50분간 뜨게 되는데 너무 편안해서 코를 골 지경이야. 정기권을 끊어야 할까 고민 중. ^^

손바닥의 침을 보며 다시 생각해. '자리이타.' 말로만 들었지 얼마나 많은 생명이 깃든 나인가…. 점심으로 먹은 닭 칼국수가 자기주장을 내세우지 않고 '내'가 되어 주고, 커피도 '내'가 되어 주고, 모두 모두 '내'게 깃들어 '나'를 만들고 또 아무런 공도 내세우지 않고 떠나가는 것을 보네.

인연도 그렇지. 우리 연주는 나를 만나 주고 밥도 사주고 꿈도 같이 빚어 주고, 너무 고마워라!
나는 세상에 와서 운 좋게 연극 자리에 발을 담그고, 복만 잔뜩 받고서 이름 석 자 앞세우고, 아귀다툼만 하고 산 것 같아 아주 부끄러워. 참 미안하네….

뜸이 끝나 간다. 능숙한 손길로 뜸을 거두시네.
다음 주에 또 오라고 하시니 좋아라. ^^

연주야! 이제 다시 연극을 짓는 마음은 어떠해야 하려나.
음, 나는 동굴로 돌아가 처음으로 그림을 그리던 마음을 보고 싶어. 처음으로 이야기를 짓던 그 여인의 무릎을 베고 누워 발장단을 치며 이야기를 듣고 싶다.
그러면, 여기까지.
또, 안녕. ~~~

#3 김정숙에게 보내는 첫 번째 편지

하루를 놓아버릴 수 있는 용기

사랑하는 김정숙 대표님께.

대표님 안녕하세요.
대표님께 드리는 첫 편지입니다.
전 대표님과 나누는 대화가 참 좋습니다. 언제나 사랑이 가득한 눈길로 저를 바라봐 주시고 응원해 주시는 것도 늘 감사하구요. 대표님 앞에선 어떤 종류의 이야기도 다 꺼낼 수 있는데, 막상 글로 쓰려니 조금은 정리가 필요한 것 같아요. 말과 글은 정말 다른가 봅니다.

어제는 생산적인 일을 거의 하지 못했습니다. 잠들기 전 내일의 할 일을 근사하게 계획해 놓았지만, 아침에 눈을 뜨니 정말 아무

것도 하기 싫었어요. 이미 아무것도 하지 않고 있는데 더더욱 아무것도 하기 싫은 기분이랄까요?

예전에는 그런 날을 굉장히 괴롭게 보냈습니다. 스스로를 게으른 사람이라고 호되게 꾸짖었지요. 몸은 천근만근이고 에너지도 바닥인데 마음은 온통 죄책감뿐이니…. 이거는 제대로 쉬는 것도 아니고 오히려 더 고통스러웠다는 표현이 맞을 것 같습니다.

그러다가 어느 날 저의 욕심과 강박을 탁 내려놓았습니다. 다 내려놓았다면 거짓말이고, 전보다 많이 내려놓았다는 게 진실입니다. 살려고 그랬고, 무엇보다 저라는 인간을 있는 그대로 인정해 버린 거죠.

전 이상은 높은데 그것을 실현해 낼 만큼 강하진 못합니다. 타고난 강철 체력도 아니고, 두 시간을 집중하면 세 시간은 빈둥거려야 충전이 됩니다. 소위 작곡가라고 하면 남들 다 자는 시간에 곡을 쓰고, 마감일이 코앞일 때는 몇 날 며칠 밤을 패며 작업할 것이라 다들 짐작하지만, 사실 저에겐 어림도 없는 일입니다.

오후 3시쯤 되면 집중력이 떨어지고, 하루의 동력이 거의 다 고갈되어 얼른 어디든 누워서 쉬고 싶다는 생각뿐입니다. 책도 읽고 넷플릭스도 기웃거려 보면서요. 물론 요즘엔 고양이랑 꽁냥대며 놀고 싶다는 생각을 가장 많이 합니다.

유학 시절, 고된 연습을 감당하지 못한 제 두 손이 어느 날 풍선처럼 부풀어 올랐습니다. 과도한 연습이 부상으로 이어진 거죠. 밤마다 통증 때문에 잠을 못 이뤘습니다. 그것이 장기화되면서 극심한 불면증도 앓았고요.

지금 생각해 보면 그런 제 자신을 스스로 가엾게 여길 만도 한데, 전 한 번도 저를 끌어안아 주지 못했어요. 오히려 화가 났습니다. 무척이나 화가 났습니다. 가뜩이나 음악을 늦게 시작해서 갈 길이 구만리인데 뒤늦은 열심을 감당하지 못하는 저의 육체가 미웠습니다. 그리고 그 속에서 감정적으로 허우적대는 스스로가 너무 나약하게 느껴졌습니다.

당연히 성취해야 할 것을 성취하지 못한 나, 부끄러운 나, 못난 나, 잘못된 나…. 저는 '나'에게 참 가혹했습니다. '나'를 가장 많이 배반했고요. '나'를 부정하고 학대했던 그 모든 행위의 진짜 이유를 알고 싶어 시작한 '자아성찰여행'은 여전히 진행 중입니다.

자기 자신을 제대로 안다는 것은 정말 쉬운 일이 아닌 것 같아요. 진짜로 태어나 가짜로 살다가 다시 진짜가 되는 과정, 어쩌면 그게 인생일까? 가끔 생각합니다.

이제는 더는 저를 괴롭히지 않습니다. 아니 괴롭히지 않으려고 노력한다는 게 더 맞는 표현일 겁니다. 이 단계까지 오는데 왜 그

29. 심연주의 편지

렇게 긴 세월이 필요했는지 모르겠어요. 깨닫는 건 순간인데 깨닫기까지가 너무 오래 걸려요.

    남편이 저에게 한 말 중에 명언이 있습니다.

    "연주야 이제 그만 깨달아!"

    어제처럼 아무것도 하기 싫은 날은 그냥 시간 때우는 날입니다. 명란젓처럼 알찬 하루를 향한 기대를 꺼 버리고 담담히 시간을 흘려보냅니다. 내일의 해를 꿈꾸면서요. 오늘은 피아노도 치고 산책도 하고 아코디언 연습도 했습니다.

    어제 하루를 놓아 버리길 참 잘했다는 생각이 듭니다. 맞아요, 우리는 가끔 하루를 놓아버릴 수 있는 용기가 필요한 것 같아요.

    사랑하는 대표님, 행복한 하루 보내시고 산책하시는 것 늘 잊지 마세요!

    사랑 그득 담아서, 연주가.

#4 심연주에게 보내는 세 번째 편지

오늘도, 강아지똥을 새롭게

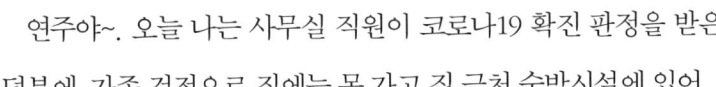

연주야~. 오늘 나는 사무실 직원이 코로나19 확진 판정을 받은 덕분에, 가족 걱정으로 집에는 못 가고 집 근처 숙박시설에 있어.

지난번 연습 중에는 배우가 확진을 받아서 그때도 숙박시설을 전전했는데, 또 집을 나오게 되어 쪼끔 우울하지만, 아직 코로나에 걸리지 않은 걸 감사해야겠지.

사무실에서 직원과 헤어지며 '그래도 어청(어린이와 청소년을 위한 지원) 지원서는 오늘 꼭 접수하자!'고 약속하던 순간이 떠올라 웃음이 나네.

작년에 처음으로 시작된 '어린이와 청소년을 위한 지원'인데 올해부터는 신작 지원뿐 아니라 기존 작품 지원 부분도 있어서〈강아지똥〉을 리뉴얼 하려고 지원신청서를 쓰고 있었거든.

지금이야 어린이 연극에 대한 인식이 많이 나아졌지만 예전에 주변에서는 어린이 연극을 하는 나와 어른이 연극을 하는 나를 대하는 태도가 달랐던 기억이 나네. 단원들조차도 어린이 연극을 한다면 고개를 돌리곤 했으니까….

〈강아지똥〉을 하겠다고 발표하고 참가자를 모집하자 남자 단원만 4명이 하겠다고 손을 들어줘서 아쉬웠지만, 덕분에 지금은 〈강아지똥〉을 남자배우만 6명이 해도 이상하지 않게 마음이 든든해졌으니, 역시 아픈 만큼 성숙해지는 건가, 하하~.

나는 가끔 '내가 어린이 연극을 하지 않았다면 연극을 계속 할 수 있었을까?' 하고 생각해 보곤 해. 참으로 어린이 연극은 내 작업의 원동력이거든.

지금도 기억하지만 창단 3년 만에 위기를 이기지 못하고 극단을 그만두자고 결정했을 때, 마지막 공연이라고 떠난 낙도공연에서 쓰러진 내손을 잡아 준 어린이 관객 덕분에 난 지금까지도 연극을 할 수 있었거든.

그 후로도 10여 년을, 해마다 낙도로 찾아가 공연을 하면서 '어른이 연극'에서 상처 난 마음을 어린이 연극에 기대어 치유를 받곤 했으니까 말이야.

내가 처음 어린이 연극을 접한 것은 1982년 그러니까 40년 전으로, 어린이 연극 교육자이신 제인 시스칼 여사가 한국 아시테지 초청으로 천도교중앙대교당에서 어린이 연극 워크숍을 할 때였어. 100년 전에 방정환 선생님이 어린이들에게 이야기해 주시던 바로 그곳에서, 참 신기하게도 파란 눈의 외국 여인이 어린이들과 함께 이야기를 만들고 탐험하는 모습을 보고 너무 좋아서 나도 저렇게 연극하고 싶다고 꿈을 가졌었지.

그리고 그해 김우옥 선생님이 한국 아시테지 운영을 맡아 하시면서 해외 유수한 어린이 연극 팀들의 한국공연이 잦았고, 그 공연을 보고 느꼈던 선한 감동 덕분에 내가 어린이 연극을 꼭 만들어야겠다는 사명을 품게 되었던 거야.

그중에 〈강아지똥〉은 정말 인생 교과서 같은 작품이야. 2001년 초연 이래 21년 동안 공연을 하면서도, 할 때마다 배우고, 할 때마다 새롭게 하고 싶고, 할 때마다 감사가 절로 나오는 참 행복한 작품이지.

연습 전에 항상 1968년에 쓰인 원본『강아지똥』과 그림책『강아지똥』을 같이 읽어 보곤 해.

그 마음은 마치 두레박을 풀어 권정생 선생님의 별에 던지는 것 같아서, 잘 녹아진 별 씨들을 건져내어 작품에 옮겨 심곤 하지.

"평생 〈강아지똥〉 하세요."

선생님 생전에 내게 그러셨어.

"예~."

하고, 착하게 대답했지만, 정말 평생 하게 되리라곤 생각 못했는데, 이런 게 바로 나도 모르는 내 쓰임-, 운명인가 봐.

간혹 사람들이 놀라며 '아직도 〈강아지똥〉 하냐?'고 물어보면 고개를 끄덕이다가, 나도 가끔 스스로에게 '왜 이렇게 계속 하나?' 하고 물어보기도 해.

음~ 아마 그건 어제의 〈강아지똥〉이 아니라 오늘의 〈강아지똥〉을 해서 그런 것 같아. 어제의 공연을 경험 삼아 언제나 지금의 느낌으로 찾고 연습하다 보면 놀랍고 즐거워서, 우리끼리는 '한 번도 같은 공연을 해 본 적 없다.' 하고 웃어. 늘 새롭게 만들고 싶은 〈강아지똥〉을 하니까, 만드는 입장에선 더할 나위 없는 행복이지.

하지만 마음이 새로워지는 건 세월이 밑천인데, 의상이나, 무대, 소품은 돈이 필요하니 어쩔 수 없이 지원에 의존하게 돼.

후배들과 인터뷰 심사에서 마주치면 많이 미안해져. 선배니까 그렇겠지? 후배들에게 잘 보이고 싶어서. 지원 없이도 잘 해 나간다고 폼 잡고 싶은가 봐.

그래서 내 꿈은 오롯이 관객들의 사랑으로 연극하는 거야. 옛날에 〈강아지똥〉을 본 어린이가 부모가 되어 아이들을 데려 오는 것을 보면 경이로워. 많은 어린이들이 『강아지똥』 책'을 안고 와서 연극을 봐. 난 너무 좋아서 어쩔 줄 모르지.

그래서 더 잘 만들고 싶어. 관객에게 보답하는 작품. 더 잘 만들고, 또 잘 만들고, 아주 잘, 잘 만들어 드리고 싶은 〈강아지똥〉이야. 생각만으로도 입꼬리가 올라가네.

이번 리뉴얼에서는 병아리 장면을 오토마타로 하고 싶어서 리서치 중이야. 지난 공연에서는 알씨(RC)카에 병아리 인형을 태워 조종했는데, 이번엔 대형 오토마타 병아리 떼를 만들어 어린이들을 만나게 하고 싶어.

그러다 보니 요새는 매일 매일 병아리 떼 쫑쫑쫑 장면을 그리고, 관객들의 반응을 그리고, 그리고 또 자꾸 그려서 마음으로 관객들의 박수소리가 들릴 때까지 노력하고 있어. 어제 그린 그림에서 한 발자국 나가려 노력하는 것, 고단한 듯 보여도 나는 내가 노력할 수 있는 이 순간이 참 좋아!

그런데 그때는 열심히 한다는 생각에 몰랐는데 지금 돌아보니 노력할수록 자신감이 턱없이 커져서 아집이 되고 주변사람들과 소통을 잘 못한 적도 많았어. 그만큼 나 자신의 노력을 맹신하고 보호하려고 노력했던 것 같아…. 대표라는 완장을 차고 있었으니…. 지금 생각하면 아주 참 얼굴 빨개질 부끄러운 일이야.

지금은 뭐, 아주 대문을 활짝 열어 놓았다고 볼 수는 없지만 동료들의 생각을 들어 보려고 많이 노력하는 편이야. 이제 비로소 '함께'라는 의미를 조금씩 배워 가는 듯해.

희곡을 쓰고 연출도 하는 특성상 마치 나는 토끼처럼 혼자 달려와서 단원들을 거북이 보듯 하며 조급해 하는 것 같아. 아주 잘못된 거지.

세월이 지나니 그 잘못들이 보이네. 그래서 세월을 스승이라고 하나?^^ 다행히 지금 나의 고민은 '어떻게 더 많이 함께 할 수 있을까?' 하는 거야.

말하다 보니 〈강아지똥〉 연습장이 벌써 그립다. 연주야~

편지는 참 재밌어.

함께 있지 않아도 '연주야!' 하고 부르는 순간 마치 같이 산책 하는 것 같아. 그러면 연주는 그 큰 눈으로 열심히 공감해 주고 크게 웃어주겠지.

나는 너의 이야기를 보는 게 좋아. 귀담아 듣다 보면 절로 고개가 끄덕여지고, 이야기가 귀해서 다른 사람도 들었으면 좋겠다고 생각하지. 그런 날도 오겠지?

이제 내일은 나도 피씨알 검사를 받으러 가야겠어. 다음날에 결과 나온다니 좋은 소식 듣고 집에 가기를 소망해.

집 나오니 개고생이네.^^

하지만 오랜만에 나랑 있는 느낌도 좋다.

가만히 오늘은 나랑 잘 있을래.

2022 봄 0323 연주를 고마워하는 사람이.

#5 심연주에게 보내는 네 번째 편지

영어 터널을 지나여

~~~~~~~~~~~~

사랑하는 연주에게.

휴우~. 이제야 자리에 앉아 편지를 쓰네.
얼마나 마음에 그렸던가, 눈물이 난다.

우리 만나고 헤어진 지난 한 달하고도 열흘 남짓한 시간에 참 많은 일이 있었네, 연주도 그렇지? 난 작품 연습이 시작됐고, 공연을 두 개 했으며, 무엇보다도 초인적인 힘을 발휘해 극작협에서 새로 시작하는 마스터 클래스 멘토링을 했다는 거야.
 특히나 마지막의 멘토링은 해 보던 일이 아니라 새로운 도전이었기에 긴장도 많이 했던 일이지.
 학교 선생님 여섯 분과 현역 작가 1인, 현역 연출 1인, 그리고 글

쓰기 강좌만 20년째 들으시며 이번에는 꼭 작품을 쓰고 싶으시다는 70대 어르신에 이르기까지….

어머나, 분명 내가 지나온 순간들인데 벌써 아득하여지네. 아홉 분의 멘티를 만나며, 여러 멘토 중에 나를 선택하여 주신 이유도 궁금했고, 각 멘티 별로 사정도 다 달라서 나는 매순간 '김정숙이라는 극작가'로 만나야겠다는 생각했어.

작품을 묻는 그분들에게 40여 년 연극의 길에 좌판을 벌인 김정숙 작가가 보아드리는 것보다 더 좋은 것은 없다 싶어서, 그렇게 아홉 분과 대화를 나누고 이제 편지를 쓴다.

이 수업의 시간들은 멘티 분들뿐만 아니라 내게도 너무 귀한 시간이 되었어.

나는 평소에 장차 희곡 멘토로서 준비가 필요하다는 생각을 했는데 이번 기회를 통해서 그 가능성을 본 것 같아 고마웠어.

그리고 연주야. 나도 좀 아팠어.

몸이 아프대.

몸이 힘들대.

나는 어쩔 줄 모르고 미안하다고 그냥 엎드려 빌었어.

이제 심청이 공연을 앞두고 한숨 돌리며 곰곰 생각해 보네. 김정숙이란 이야기를 짓는 동안 나의 몸은 언제나 충직한 종처럼 나를 도와주었어. 그런데 이제는 그렇게 하면 안 된다고 하네. 저번에는 하도 힘들어서 잠시 틈을 내어 버스를 타고 졸았어. 좀 낫더라.

연주야!

나는 참 오랜만에 멍 때리려고 노력하고 있다. 자꾸 나 자신을 무엇인가 이로운 시간이 되게 하려던 노력들을 멈추고 되도록 폰을 닫아 저만치 던져 놓고 그냥 앉아 있으려 노력해. 그러면 부유하던 생각들이 나를 놓고 떠나가는 게 보여, 이렇게 쉽게 떠나가다니….

어떤 드라마에서 자살바위에서 떨어지던 사람들이 2/3 지점쯤 떨어지면 비로소 자신을 자살하게 했던 그 사건들이 기실 너무도 아무것도 아닌 게 되는 걸 깨닫는다네. 우리가 그토록 영혼까지 갈아 넣으며 애달복달하던 일들이 아무것도 아닌 게 되는 시점을 나는 모르지만….

연주야!

나는 지금 60년생 김정숙의 오늘이 바로 그자리가 아닌가 싶다. 얼마나 더 살지 모르지만 내게 유통기한이 남아 있다면, 그런 천

운이 내게 있을지 모르지만, 지금 나는 공허해.

 아무리 되뇌어도 연극을 어떻게 할지 잘 모르겠고, 안 아픈 척 외면하고 있어도 난 아프고, 누가 인생 대차대조표를 보자고 한 것도 아닌데 난 마치 염라대왕의 업경대 앞에 선 쫄보처럼 웅크리고 있네.

 우리가 믿었던 이야기들이 무너지고 이제 나는 내 남은 이야기를 어떻게 쓰고 싶은지 모르겠어, 긴 멍 터널에 진입한 느낌이야. 길을 찾아야 하는데 나는 그냥 웅크리고 있네.

 좀 고단한가, 아니 무서운가…. 무언가를 생각하지 않는 내가 낯설어. 언제나 알록달록 꿈을 지어 휘감아 펄럭이며 자랑했는데, 이 빛 한 줌도 없는 어둔 터널 속에 꿈들은 아무 소용이 없네. 마치 벌거벗은 임금님처럼 비로소 나는 두려운가 보다.

오직 느껴지는 내 몸의 고단함과 그 몸의 한숨과 신음만이 오직 내게 남은 전부라니⋯. 그간 지었던 그 많은 이야기는 모두 어디로 사라진 걸까?

연주야!
난 다시 나를 잉태하고 있는 듯해. 울 엄마 나를 나을 적에 4.19가 터졌는데, 산달이 되어도 나오려던 아이가 안 나와서 어머니가 무척 고생하셨다는데, 이제 환갑을 지나 나는 어떤 나를 낳으려나.

연주야, 올 만에 이야기하니 속이 시원하네. ^^
또 편지할게.

지금은 잠시 멍 터널에 빠져 빠져~~~~~~.

#6 김정숙에게 보내는 두 번째 편지

걷는 자만이 들을 수 있는 노래

사랑하는 김정숙 대표님께.

대표님 안녕하세요? 요즘에도 바쁘게 지내시죠? 사랑의 미소로 가득한 대표님의 동그란 얼굴을 떠올리면 괜스레 기분이 좋아져요.

대표님은 추위를 많이 타시나요? 저는 추위에도 강하고 더위에도 강한 편이라 별 무리 없이 독한 계절을 잘 넘기는 편인데 대표님은 어떠실지 모르겠어요.

대표님은 제 영혼의 프렌드인데 이토록 간단한 정보도 아직 파악을 못했다니, 부끄럽사옵니다. 점심때쯤 볕이 좋은 날은 꼭 걸으셔야 해요. '체력'은 곧 '창작력'이니까요.

작년은 4월부터 무척이나 바빴습니다. 이 날은 곡을 쓰고, 저 날은 공연을 하면서 쉴 틈 없이 하루하루를 메워 나갔습니다. 사실 요즘 같은 시국에, 감사한 일이죠.

곡을 쓸 때는 엄청난 양의 에너지를 끌어 모아야 하고, 공연을 할 때는 엄청난 양의 에너지를 방출해야 합니다. 저에게 진정한 휴식이란 에너지의 흐름을 방해하지 않고 그냥 놔두는 상태 같아요.

12월 7일인가, 한 해의 마지막 공연을 마치고, 아, 이제 정말 쉴 수 있겠다 내심 안도하던 기억이 납니다. 이후로 나름 충분히 쉬고 있다고 생각했는데 컨디션이 오히려 악화되는 걸 보니 저는 또 무언가를 너무 열심히 수행했나 봅니다.

곡을 쓰지 않는 기간에는 다음 작품을 위해 되도록 많은 것을 흡수하려고 기를 쓰는데, 그게 화근이 되었나 봐요.

몸이 아플 때는 하고 싶은 일, 해야만 하는 일을 원하는 만큼 할 수 없어서 자꾸 짜증이 나고 우울해집니다.

알아요, 대표님. 다 저의 못난 욕심 탓입니다. 몸이 보내는 가여운 신호를 겸허히 받아들이고 오늘도 감사하게 하루를 지내 보겠습니다.

요즘은 시간이 나는 편이라 매일 '만보 걷기'를 실천하려고 노력 중입니다. 하지만 시내에 나가는 날이 아니면 '만보'를 채우는 일도 쉽지는 않습니다. 아침에 한 시간 정도 걷는 게 약 6천 보 정도인데 산책 후 집이나 작업실에 콕 박혀 지내는 걸 좋아해서, 걸음 수에는 크게 변동이 없거든요.

무라카미 하루키는 30대 초반에 첫 장편소설을 썼는데, 첫 소설 집필 후 자신의 삶의 방식을 바꾸기로 결심했대요. 줄담배를 태우면서 밤새기를 밥 먹듯이 하며 글을 쓰는 것이 바람직하지 않다고 느낀 거죠.

어느 날부터 그는 뛰기 시작했습니다. 그것도 장거리를요. 마라톤 주자가 된 것입니다. 건강한 육체로 오랫동안 글을 쓰려 하는 그의 의지가 역력히 드러나는 태도입니다. 장편소설 작가는 뛰는 것도 오래 뛰는 것을 좋아하나 봐요. 어쩌면 지금 이 순간에도 뛰고 계실지 모르죠.

그는 자신과 경쟁하는 운동을 좋아한답니다. 그건 저도 마찬가지예요. 구기종목도 싫어하고, 타인과 경쟁하며 점수를 내는 운동에는 아예 관심이 없습니다. 저에겐 그런 건 운동이라기보다는 스트레스 쌓기 훈련에 가깝습니다.

그가 쓴 문장 중에 인상적인 글귀가 있습니다; "만약 내가 소설가가 되었을 때 작정하고 장거리를 달리기 시작하지 않았다면, 내가 쓰고 있는 작품은 전에 내가 쓴 작품과는 적지 않게 다른 작품이 되어 있지 않을까 하는 느낌이 든다."

대표님께서도 잘 알고 계시지만, 저도 재활 목적으로 시작한 걷기 운동을 한 지 10년이 넘었습니다. 이제 '걷기'는 저에게 운동(의지적인 활동)이라기보다는 생활(무의식적인 활동)이 되어 버렸지요.

제가 어렸을 적부터 얼마나 움직이기를 싫어했는지 모르실 거예요. 체육시간을 증오했고, 모험심 가득한 '찐친'이 "우리 제발 나가서 놀자."며 쉬지 않고 애원했습니다. 오죽하면 엄마가 "우리 연주는 눈동자와 손가락만 움직인다."고 하셨겠어요. 꼼짝 않고 앉아서 책 읽는 거 좋아하고 피아노만 뚱땅거렸으니까요. 참 재치있고 적확한 표현입니다.

바위처럼 가만히 있는 저를 움직이게 한 사건이 있었습니다.
'음악극 카르멘' 초연 때였습니다. 그때 공연한 극장이 대표님께서 운영하던 곳, 타국에서 공부하다 우울증으로 엉망이 되어 돌아온 저에게 이 극장에서 네가 하고 싶은 거 다 해 보라고 한 달 정도를 무료로 대관해 주셨지요.

모든 것이 운명입니다. 저의 진정한 커리어는 거기서부터 출발했다고 해도 과언이 아닙니다.

감사해요, 대표님. 진심으로….

3개월 동안의 장기 공연을 끝낸 다음 날 저는 병원으로 직행했습니다. 어느 날부터 극심한 어지럼증이 시도 때도 없이 느껴져서 무척이나 괴로웠는데, 공연 때문에 꾹꾹 참다가 결국 증세가 악화되어 병원 신세를 지게 된 거죠.

입원을 하여 이런저런 검사들을 하기 시작했는데 걷는 게 힘들어서 휠체어를 탄 기억이 납니다. 걱정하시는 부모님께 면목이 없어 병문안 오실 때마다 얼마나 죄송하던지.

검사 결과가 나오던 날을 아직도 잊지 못합니다. 의사 선생님 왈, 오른쪽 귀의 평형감각을 담당하는 세포가 바이러스에 의해 50퍼센트쯤 파괴됐다고. 안타깝지만 한번 파괴된 세포는 다시 재생되지 않는다고.

그 사실을 듣고도 저는 오히려 담담했습니다. 죽을병도 아니고 인간의 몸이란 게 어느 때든 고장 날 수 있으니까요. 다만 이토록 어지러운데 도대체 앞으로 어떻게 살아갈까 걱정이 앞섰죠.

"선생님 저 어지러워서 걸음도 제대로 못 걷겠는데 어떻게 하죠?"

"걸으셔야 합니다."

"못 걷겠다구요!"

"걸어야 걸으실 수 있습니다."

"네? 걸어야 걸을 수 있다구요?"

"네!"

"얼마나 걸어야 하는데요?"

"평생이요. 이 병엔 마땅한 치료약도 없고, 걸어야 어지럼증을 덜 느낍니다."

〈걸어야 걸을 수 있다!〉

그 한 문장이 제 가슴을 후려쳤습니다.

살아야 하는구나, 살려면.

걸어야 하는구나, 걸으려면.

그래도 나아질 방도가 있다니 감사했습니다.

의사의 말이 바닥에 떨어지자마자 전 바로 걷기 연습을 시작했습니다. 처음엔 병원 복도, 복도를 지나 병원 근처, 병원을 나와 집 앞 산책로, 산책로 너머 낯선 다른 동네들…. 점점 더 반경을 넓히면서 수많은 길을 누비고 다녔습니다.

길이 없는 곳은 없었어요. 단지 맘에 드는 길이 있느냐 없느냐의 차이지.

발병 후 3년 정도는 눈이 오나 비가 오나 상관치 않고 매일 걸었습니다. '걷느냐 안 걷느냐 그것이 문제로다.' 당시의 제 삶을 함축시킨 문장입니다.

언제인지 정확히 기억나진 않지만, 눈이 무릎까지 쌓일 정도의 폭설이 내리는 날이었는데, 건대입구에서 중곡동까지 골프 우산을 쓰고 걸었답니다. 그것도 한밤중에요.

　차를 타고 가다가도 좋은 길을 보면 뛰어 내리고 싶었어요. 걷고 싶어서. 소낙비도 많이 맞았고, 한여름 무더위 속을 걷다가 현기증을 느낀 적이 한두 번이 아니었습니다.

　한강 다리를 수없이 건너다녔고, 지방 공연을 가면 어떻게든 짬을 내서 공연장 주변을 걸었습니다. 광화문, 삼청동, 을지로, 충무로, 명동, 종로…. 걷기에 참 좋은 도시들이죠.

　높게 솟은 빌딩들을 양 옆에 두고, 당당하게 뻗어 있는 도시의 대로들을 걸을 때면 이상하게 힘이 나고 기분이 좋아집니다. 제가 '도시 사람'이라는 것을 이럴 때 실감합니다.

　그럼에도 제가 가장 좋아하고 자주 걸었던 길은 다름 아닌 집 근처 '중랑천 산책로'입니다. 저는 귀소 본능이 강한 사람이라 익숙한 장소에서 안정감을 느껴요. 그래서인지 집 앞 산책로를 걸으면 맘이 곧 차분해지고 안온해져요.

　십수 년을 걸었는데도 질리지가 않아요. 철마다 다른 느낌이고, 날마다 새로운 눈요깃거리가 생깁니다. 자연의 위대함이겠죠.

　전 이 길 위에 많은 것을 쏟아냈습니다. 누군가를 맥없이 그리워하기도 했고, 누군가를 한없이 원망하기도 했습니다. 분노에 차서 씩씩거리기도 했고, 어느 날은 슬퍼서, 어느 날은 기뻐서 눈물을 훔쳤습니다. 행복감에 젖어 아이처럼 뛰어다니기도 하고, 길

잃은 고양이마냥 불안해하며 하염없이 헤매기도 했습니다.

제가 쓴 멜로디의 대부분은 이 길에서 태어났습니다. 영감(insperation)님께서는 늘 느닷없이 찾아오시기 때문에, 전 항상 그분의 꼬리를 낚아챌 준비를 하고 있습니다.

그러고 보니, '길'은 저에게 참 많은 것을 주었네요. 아무 대가도 없이. 영감을 주고, 건강을 주고, 위로를 주고.

하루키의 고백처럼 길을 걷지 않았다면 저 또한 지금과는 다른 작곡가가 되어 있을 겁니다. 삶과 예술은 긴밀하게 연결되어 있고, 제가 생산해내는 예술작품이 제 삶의 근간이자 원동력인 '걷기'와 무관할 수 없을 테니까요.

오늘도 걷기 위해 나왔습니다. 운수 좋은 날입니다. 하얀 눈이 적당히 내렸거든요. 눈 쌓인 길을 걷는 것은 축복입니다. 하얀 땅에 발자국을 남기는 것도 의미 있게 느껴지고요.

태어나 죽을 때까지 고통 속에 놓이지 않는 자 없을 거예요. 행복한 순간보다 고통스러운 나날들이 더 많은 게 인생이고요.

제가 목격한 위대한 인간들은 고통을 대하는 태도가 다르다는 걸 느낍니다. 고통 앞에서 겸허하고 고통 속에서 성장합니다. 어둠이 빛으로 승화하는 순간. 삶의 학교에서 배우는 가장 큰 보석 같은 거.

전 위대한 인간은 못 되지만 그래도 한 가지 기특한 일은 한 것 같습니다. 불행을 축복처럼 여기고 사니까요.

하루키는 자신의 묘비명에 이렇게 적고 싶대요.

'적어도 끝까지 걷지는 않았다.'

전 이렇게 쓰면 어떨까요?

'적어도 끝까지 멈추진 않았다.'

사랑하는 대표님
늘 보고 싶습니다.

당신의 귀염둥이 연주가

#7 심연주에게 보내는 다섯 번째 편지

내 꿈은 우리였다는 걸 알게 되다

연주야.

편지를 쓰기 시작하면서 우리 사이에 그 쉬운 SNS가 낯설어지는 것이 재밌다.

내가 〈칠인의 천사〉 작품을 할 때 들었던 이야기인데, 한 사람이 태어날 때 그 인생을 돕고자 조력자가 무려 700명이 함께 태어난다고 하니 놀랍지? 나는 생명선이 짧아서 일찍 죽겠다는 점괘가 나와서 울 어머니가 하고 싶은 거나 하라며 나를 포기하신 덕분으로 시집가라는 독촉 안 받고 연극했어. 하지만 나중에 어머니가 치매에 걸리시면서 나를 보며 "아이는 어떻게 하고 왔냐?" 걱정하실 때, 엄마의 소원도 못 들어 드린 불효녀란 생각에 정말 많이 울었지.

지금은 손금이 변해서 제법 길어져 있어. 가끔 생명선이란 손금

을 들여다보며 누가 내 생명을 잇고 있을까 생각해. 그래서 내가 지은 내 이름은 '김덕분'이지.

  요즘은 연주야. 남의 꿈에 등장하느라 바쁘다. 그동안은 내가 짓는 꿈에 정성을 기울이느라 몰랐는데, '말로만 듣던 김정숙 씨'를 등장인물로 짓는 꿈들에 섭외를 받아 출연하는 체험을 하고 있어.

  남의 꿈에 출연하기 쉽지 않더라. 작품 분석까지는 아니지만 적어도 등장 이유는 알아야 제 몫을 할 테니, 생각이 많아지는 거지.

  하지만 그동안 덕분으로 꿈을 지어 재미를 보았으니 이제는 남의 꿈에 나를 나누는 일도 당연히 해야겠지. 그러다 보니 사람들은 나를 보며 "도대체 언제 작품을 쓰냐?"고 물어. 그럼 나는 "언제나 어디서나 마음이 닿으면 쓴다"고 대답하지. 음, 사실 눈만 돌리

면, 아니, 마음만 먹으면 채널을 돌리듯…, 아니야 내 마음의 밭에는 다양한 작품의 씨앗들이 나고 자란다고 하면 답이 되려나.

맞아. "나는 매일 작품 밭에서 김도 매고 거름도 주고 새로이 씨앗도 뿌린다!" 이렇게 말하니까 내 마음도 참 좋다. 뒷짐 지고 밭고랑에 서서 심어 놓은 작물들을 바라보는 마음은 상상만 해도 편안하다.

그러나 연주야. 말하고 보니 여태 다 내가 짓는 꿈인 줄 알았는데 그게 아니었다는 생각이 문득 든다.

저 찬란한 햇빛이 내 덕인가? 이 밤에 내리는 비가 내덕인가? 이런저런 이유로 씨앗을 골라 심는다 해도 결국 자라는 것도, 알곡을 맺는 것도 내 뜻만이 아니었다는 것을 알겠다.

왜 어떤 꿈들은 미처 다 피지 못하고 시들해지나 하고 안타까워했는데 하나의 꿈이 나고 자라는 일이 우리 모두의 꿈에 연결되어 피고 진다는 생각을 하니 벽을 쌓은 듯 답답했던 마음에 바람이 부는 것처럼 시원하다.

눈을 들어 내 밭 너머를 본다.

제각기 모두 노력하고 있구나!

자기 꿈들을, 우리의 이야기를, 짓고 나누고 있구나.

아름답다!

이제 내 꿈의 주인이 '우리'라는 것을 알겠다!

너를 위해 우리를 위해서 우리는 짓고, 잇고 나눈다.

내가 할 말은 오직, "고맙습니다!"뿐!

#8 심연주에게 보내는 여섯 번째 편지

연극은, 사랑으로 남는 것

사랑하는 연주야.

만나러 간다 하고 약속 못 지켜서 미안해. 신작 짓느라 애쓰는 줄 알아서 열심히 기도만 했다. 어제로 공연이 끝났을 텐데 궁금하네.

공연을 지을 때마다 마치 여행을 떠나는 것 같아. 여정을 그리고, 짐을 꾸리고, 가방을 들고 나서는 설렘~. 그 길에서 마주친 낯선 바람, 작품을 끝내고 돌아온 방에서 느끼던 낯선 서걱거림…. 그런 밤은 몸에 남은 바람을 털어내느라 오래도록 서성이곤 했는데….

우리 연주가 만들고 싶어 했던 작품일 테니 부디 그 여정이 행복했기를 빌어 보네.

나는 지난 극작 멘토링의 인연으로 7월 전교연(전국교사연극모임) 연극 특강에 초대되었어. 연극을 좋아하는 선생님들 모임에 말씀을 나누러 가는데, 어찌하면 좋을지 궁리중이야.

무슨 이야기로 유익을 지을까? 왕년 이야기는 지루하겠지? 연극에 미쳐서 사랑은 많이 못해 아쉽다는 이야기에 웃어 주실까? 무슨 이야기를 하나?

스물두 살에 시작하여 근 40년을 연극을 했는데, 정작 나는 아직도 연극을 잘 모르니, 언제쯤 연극을 알아서 이것이 연극이라고 손을 들어 가리켜 보일 수 있을까?

존경하는 'ㅇ' 선생님께서 일흔 살을 넘고서야 "이제 연극을 알겠노라"시며 기뻐하셔서, 선생님의 작품을 고대하고 있었는데 이러저런 사정으로 현재 작업을 못하시니 안타까울 뿐….

돌아보면 극단〈에저또〉에서 방태수 선생님을 모시고 연극하던 어린 시절이 참 좋았네. 근검절약하고 부지런히 공부만 하면 되었으니 말야. 무세중 선생님에게서 몸의 가능성을 배운 것도 참 좋았고, 오태석 선생님께 배운 '연극적이라는 모험 정신!', 김상열 선생님의 뮤지컬을 보며 꿈꾸었던 우리 뮤지컬의 가능성. 그리고 극단 모시는사람들 대표로서 마음껏 누렸던 연극사랑!

1989년에〈극단 모시는사람들〉을 창단하며 나는 관객들에게 사랑받는 연극을 만들겠다고 다짐했지. 지금도 나는 연극의 자립

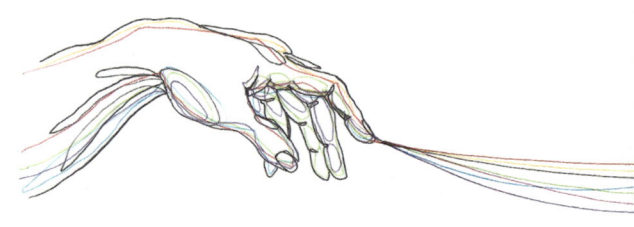

 조건은 관객의 사랑이란 생각으로 관객들에게 유익한 작품을 만들려고 노력해. 극단의 레퍼토리인 〈오아시스 세탁소 습격사건〉 같은 경우 '길 가던 할머니가 들어와 앉아 보셔도 재미나다고 웃으심 좋겠다.'로 만들었고, 〈블루사이공〉은 '월남에서 돌아온 김 상사의 눈물'을 알리겠다는 각오로 두 주먹을 불끈 쥐고 다녔고, 〈들풀〉은 '들불'의 쏘시개가 되고 싶은 간절한 비나리였지.

 때로 여자라는 이유로 '모들' 33년 대표로서 해 온 작업을 모성 운운하며 '희생'이라 칭할 때 나는 "아니에요!"라고 두 손을 내저어. 난 연극을, 모시는사람들을 정말 '사랑'했어. 사랑하고 또 사랑하고….

 힘들지 않았냐고? 누가 힘들지 않은 인생을 살 수 있을까? 난 지금 이 순간도 연극 덕분에, 모시는사람들 대표인 덕분에 울고 웃

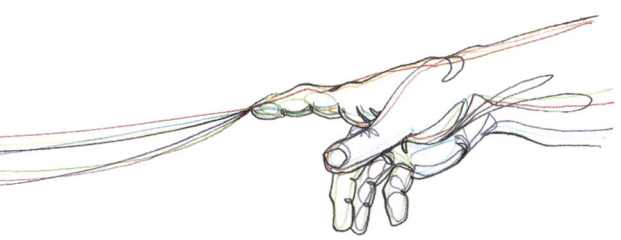

는 걸…. ㅎㅎ 더, 더, 더 많이 사랑할 기회를 주는 연극에 감사할 뿐!

선생님들과 연극의 내일을 함께 고민해 볼까 봐. 이제는 가상인간들과 더 친할 학생들에게 연극을 전하는 선생님의 어려움은 내가 관객들을 극장으로 오게 하는 고민과 다르지 않아서, 함께 이야기를 풀어 나가기 좋을 것 같아.

요즘은 관객을 생각하면 '이천식천(以天食天)'*이란 말이 떠올라. 최근에 사람과 사람 사이에 끼어든 기술로 인해 사람들의 사이가 점점 더 멀어지고, 사람에 대한 결핍 현상으로, 갖가지 부작용

* 동학의 최시형 선생님이 강조하신 '천지 만물이 모두 한울을 모시고 있어서 우리가 먹는 음식도 한울의 일부이므로 한울로서 한울을 먹는다'는 생각

들이 난무하는 것을 보며, 이제야말로 연극의 역할이 정말 중요하다는 생각이 들어.

　마스크가 익숙한 사람들 사이에서, 사람과 사람을 잇고, 사람답게를 고민하는 연극이야말로 사람을 배우는 예술이 되겠다고 생각하는 거지. 그래서 앞으로 극장은 더욱 특별해지고, 더하여 연극은 더욱 특별해져야겠다는 생각인데, '어떻게 특별해질 것인가?' 그 이야기를 선생님들과 나누고 싶어. 원소스 무한멀티유스의 시대에 어떤 사랑으로 살아남아 연극은 관객들과 함께 사랑할 것인가?

　올만의 편지에 내 하소연만 줄줄이 늘어놓았네.
　아, 예당 크라운 보러 갈게.
　또 어떻게 사랑스러운 작품이 되었는지 기대 됨…. ^^

#9 김정숙에게 보내는 세 번째 편지

희망도 절망도 없이, 오늘도 쓴다

사랑하는 김정숙 대표님께.

아주 오랜만에 펜을 들어요. 늦추위가 기승을 부리는데 대표님 건강은 어떠신지, 산책은 자주 하시는지 궁금합니다.

얼마 전에 자그만 공연 하나를 마쳤습니다. 아코디언으로 Astro Piazzolla 탱고 곡을 연주했는데, 언제나 그렇듯 잘한 부분도 있고 그렇지 못한 부분도 있었습니다. 갖가지 제약으로 원하는 만큼 연습을 하지는 못했지만 나름대로 성실히 수행한 편이에요.

저는 피아노를 치는 작곡가여서, 아코디언 연주로 이렇게 많은 무대에 오를지는 전혀 상상치 못했습니다. 어디까지나 '필요'에 의해서 시작했고 잘하고 싶다는 욕망도 없었거든요. 물론 인간의 정서를 풍부하게 표현하기에 참 요긴한 악기라는 생각은 많이 했습

니다.

 여하튼 '무대가 가장 큰 선생'이라고, 적지 않은 공연 기회가 주어지면서 자연스럽게 실력이 늘기 시작했습니다. 저를 표현할 수 있는 또 다른 무기를 갖게 된 셈이죠. 크나큰 '열심'이나 '노력' 없이요.

 '열심'이 다는 아닌 것 같아요. 때로는 힘을 풀고 별 생각 없이 행하는 것에 더 많은 보상이 따르기도 합니다.

 비장한 자세는 '경직'을 낳고 경직은 상상력을 해치는 방해꾼입니다. 음악을 대하는 저의 태도가 너무 비장하지는 않은지 다시금 돌아보게 됩니다.

 요즘 무라카미 하루키의 〈직업으로서의 소설가〉를 다시 읽고 있는데, 유독 눈에 들어오는 문장이 있었습니다.

'자신이 잘하는 언어를 무기 삼아서, 자신의 눈에 가장 분명하게 보이는 것을, 자신이 쓰기 쉬운 말로 써 나가면 되는 것입니다.'

물론 이 구절은 '소설 쓰기'에 관한 것이지만 '곡 쓰기'에도 딱 들어맞는 문장입니다. '자신이 잘하는 음악적 언어를 무기 삼아서, 자신의 귀에 분명하게 들리는 것을, 자신이 쓰기 쉬운 음악적 언어로 써나가면 되는 것입니다.'

생각해 보니 저 또한 그동안 그렇게 곡을 써 왔고, 딱히 다른 방도도 없는 것 같습니다.

자신이 보는 혹은 보고 싶은 세상을 자신만의 도구로 표현하는 것이 작가들의 공통적 임무지만 작업을 행하는 태도나 방식에는 저마다 다른 개성이 있겠죠. 저는 작가들의 '작업 이야기'에 관심이 많아요. 거기에는 늘 배울 것이 있거든요.

제 삶의 시간들은 크게 둘로 나뉠 수 있습니다. 곡을 쓰는 시간과 곡을 쓰지 않는 시간. 물론 작품과 상황에 따라서 곡 쓰는 기간이 달라지곤 합니다.

가뜩이나 단순한 삶인데 곡을 쓰는 기간에는 더더욱 단순해집니다. 가끔은 제가 수도승처럼 느껴질 때도 있어요. 기도만 안 하는 수도승.

사실 곡 쓰는 시간은 하루 중 4~5시간뿐이지만 엄청난 집중력을 요하기 때문에, 또 다른 중요한 일들과 병행하는 것은 거의 불가능합니다. 그게 가능한 창작자들도 많겠지만 저에겐 버거운 일이에요.

작업을 시작한 후 얼마간의 시간이 흘러야 가속도가 붙고, 도중에 며칠 공백이 생기면 가열하는데 또 시간이 걸리기 때문에, 작업이 중단되지 않게 스케줄을 관리하는 것이 저에겐 참 중요한 과제입니다.

대표님은 하루 중 언제 글이 제일 잘 써지세요?
전 '눈뜨자마자'입니다. 그때 가장 명징(明澄)한 소리를 들을 수 있어요.

체력 강화를 위해 걷기 운동을 먼저하고 쓸 때도 많지만, 곡 쓰기에 가장 좋은 에너지를 빼앗기는 건 사실입니다. 마감일이 얼마 남지 않았을 때는 하루 중 제일 좋아하는 모닝 루틴을 포기합니다. 커피를 마시며 공상에 빠지거나 가볍게 인터넷 서핑을 하는 데에도 적지 않은 에너지를 빼앗기거든요.

제 특기는 영감(Insperation) 낚아채기입니다. 구체적인 스토리나 장면들을 생각하면 멜로디가 막 떠올라요. 기록이 우선이고 나중에 그걸 토대로 기본적인 뼈대를 만듭니다. 거기까지는 시간이 별로 안 걸려요. 시간이 걸리는 건 그다음부터입니다. 뼈대에 살을 더하고 옷을 입히는 과정인데 저는 이 지점에서 충분한 시간을 갖길 원합니다. 충분한 시간이 확보되지 않으면 스스로 만족할 만한 좋은 작품을 써낼 자신이 없어집니다.

저는 맘에 드는 소리를 찾고, 결정하는 데에 상당한 공을 들입니다. 그 시간을 아주 귀중하게 여기고요. 음악적으로 가장 많이 성장할 수 있거든요. 때문에 '충분한 시간'이 허락되지 않는 작업은 시작도 하지 않습니다. 제의가 들어와도 정중하게 거절합니다.

단시간 투자하여 우수한 결과물을 낳을 수 있다면 더할 나위 없겠지만 그건 제 재능 밖의 일입니다. 생산성을 중시하는 세상에서 저의 작업방식이 효율적이지 않을 수 있지만, 작업 방식의 선택은 저의 자유라고 생각합니다. 작가가 누릴 수 있는 정당한 권리이기도 하고요.

그렇다고 시간을 무한정 가질 순 없으니, 하루에 4~5시간을 무리 없이 투자할 수 있는 스케줄을 확보한 후에 구체적인 진도 계획을 세웁니다. 물론 계획대로 잘 되진 않아요. 매일 매일 새로운 벽에 부딪치니까요.

곡 쓰는 작업은 항상 어렵습니다. 재미나고 좋은데 어렵습니다. 많이 알면 알수록 더 힘들어지는 것 같아요. 만족할 줄 모르는 제 성격도 한몫하고요.

상상력은 언제나 저를 앞지릅니다. 앞서간 상상력을 겨우 쫓아갈 뿐인데도 큰 힘이 들어요. 한 번도 쓰지 않았던 근육을 써야 하거든요. 그렇지만 '실력'이라는 것은 결국 그 지점에서 향상되기 때문에 마냥 괴롭지만은 않습니다.

오랜 기간 동안 작업하면서 자연스럽게 터득한 것이 있습니다. 바로 '기다리는 자세'입니다. 뭔가 잘 풀리지 않는 날에도 그리 낙담하지 않고 '내일은 잘 써질 거야.' 희망할 수 있는 자세.

예전에는 저의 부족한 점에 주목했다면, 요즘에는 저의 강점에 주목합니다. 그리고 그 부분을 더 강화하려고 노력합니다. 어떻게 하면 더 '나답게' 쓸 수 있을까, 어떻게 하면 더 '자유롭게' 쓸 수 있을까 고민합니다.

꽤 늦은 나이에 음악을 시작했기에 아직도 공부할 것이 태산이지만 '평생 공부할 거잖아.' 생각하면 마음이 느긋해집니다.

몇 년 전까지만 해도 누군가가 저에게 당신 평생 예술 할 거냐고 물으면 망설임 없이 '예스'라고 대답했는데, 요즘에는 단서를 달아 답하곤 합니다. '하늘과 내 운명이 허락한다면 평생 하고 싶다'고.

죽기 직전까지 예술 활동을 지속한다는 건 자신의 열심과 소망만으로는 불가능하다는 생각이 듭니다. 경제적으로 불안한 건 물론이요, 설령 그게 별로 문제가 되지 않는 일대 행운을 누린다 하더라도 작품 활동을 계속해 나갈 내적 동력이 없다면 사실상 거기서 모든 것은 스톱이니까요.

예술가로 태동하는 것은 자신의 선택이지만, 예술가로 죽는 것은 운명이 아닐까 생각합니다. 그렇게 타고난 운명이 남들보다 더 낫거나 불행할 것도 없고요. 그저 한 사람의 예술가로 태어나 열심히 예술 활동 하다가 죽는 거지요.

작품이 세상에 남아 누군가에게 이로움을 끼친다면 그보다 더 큰 영광과 의미는 없겠지요. 그러나 아름답고 가치 있는 무언가를 만들기 위해 평생을 수고한 삶 자체가 이미 세상에 이로운 것이라 믿고 싶습니다.

창작 작업을 해 나가면서 저 스스로에게 묻는 질문들이 있습니다.

나는 무엇을 듣는가?
그것을 어떻게 표현하고 싶은가?
내가 닿고 싶은 지점이 있는가?
거기에 도달하기 위해서는 얼마만큼의 시간이 드는가?
그 시간을 인내할 수 있는가?
그리고 그곳에 닿고 난 이후에도 또 다시 시작할 수 있는가?

우선, 써야 합니다. 충분히 써야만 답을 알 수 있는 질문들입니다.

'희망도 절망도 없이 쓰다.'

어떤 작가가 한 말이라는데, 제 머릿속이 다 시원해지는 문장입니다.

오늘의 저의 목표는 걷기를 끝내자마자 작업실로 달려가서 희망도 없이 절망도 없이 쓰는 것입니다. 쓰다가 쓰다가 하루의 할당량을 채우면 곧장 집으로 돌아와 소소한 집안일을 하면서, 내 새끼 같은 고양이 딸꾹이와 오붓한 시간을 보내고 싶어요.

참 단순하지만, 저란 사람에겐 가장 충만한 하루가 될 겁니다.

사랑하는 대표님, 건강 조심하시고 또 소식 전할게요!

사랑의 연주가

#10 심연주에게 보내는 일곱 번째 편지

사람을 만나러 가는 연극

연주야!

오늘은 선배님이 소개한 미용실을 찾아 대학로로 간다. 연습을 앞두고 길어진 머리를 다듬자고 나섰지.

머리를 자르러 대학로에 가는 일은 처음이라 소풍 가는 것처럼 버스를 타고 왔네. 올 만에 대학로에 가니까 점심으로는 좋아하는 퀴노스 샌드위치도 정해 놓고. 사실 만두 국이랑 무얼 먹을지 갈등이 있었지만 샌드위치로 결정!

느리게 버스를 기다리며 오늘 아침부터 떠올리던 '작품' 생각을 했어. 좋아하는 작품이 있었는데, 스물한 살에 처음 본 연극이고, 런던에서 본 것까지 한 다섯 번은 본 것 같은데, '내가 만들면…' 하고 드는 생각이 많아서, 모처럼 버스 차창을 무대 삼아 상상의 나래를 활짝 펼쳤지.

　그러고 보니 어릴 때부터 버스는 나의 중요한 작업실이 되어 주었어. 생각할 게 있으면 일부러라도 버스를 타서 차창에 코를 박고 궁리하다 보면 얼크러진 생각들이 술술 풀어졌었지.

　그러한 상상 속에서 만나는 연극을 보면, 내가 하고 싶은 연극이 뭔지 알게 돼. 내가 뭘 좋아하는지, 어떻게 보여 주고 싶은지, 왜 그런지 알게 되지.

　토요일에 TV〈불후의 명곡〉에 김영임 선생님이 출연하셨어. 무대에 등장하셔서 전주가 나오자 선생님의 숨이 달라지시는 것을 보았어. 소리꾼 김영임의 그 '찰나'가 좋아서, 그 사람이 너무 좋아서, 반해버려서, 난 핸드폰을 꺼내어 얼른 선생님의 콘서트 일정을 살펴보았지, 선생님을 직접 보고 싶어서.

그러면서 나는 생각해. '배우를 보러 오게 하는 연극! 사람을 만나러 오게 하는 연극! 사람을 사랑하게 만드는 연극을 해야 한다!'고

그게 내가 하고 싶은 연극이구나! 하고 다시 고개를 끄덕였지. '이천식천(以天食天)처럼!

나는 '사람이 사람과 (사랑을) 함께하지 못하면 사람이지 못하는 것'이라는 생각에, 연극이 정말 중요하다고 생각해 왔어. '사람이 그리운 날에 연극이 딱!'이라며~.

그러나 사람의 말과 행동이, 신뢰가 땅에 떨어진 오늘에, 점점 멀어져 가는 관객들을 바라보며 나는 무엇으로 '사람들과 함께할지' 고민해. 모든 것이 물질로, 돈으로 그 가치가 결정되는 세상에 나의 연극은 어떻게 관객들에게 손을 내밀 수 있을까? 기술의 시대-챗GPT랑 누구 이빨이 더 질긴지 한판 붙어 볼까?

믿는 구석이 있다면 '내가 더 관객을 사랑한다'는 지극히 겨자씨만 한 믿음!

나는 진지하게 상상해 봐.

'내 연극의 관객은 누구실까?'

누구라도 그 관객은 사람을, 우리 시대 삶과 사랑, 그 사람의 윤리를 고민하는 사람이면 좋겠다.

무대에 함께 몸을 부비고 앉아 사람의 온기를 나누며 심장의 두근거림을 이을 수 있는 다정한 자리를 만들어 모시고 싶다.

아, 나는 그런 사람이구나….

샌드위치도 다 먹고, 커피도 식었으니, 이제 그만 머리를 자르러 가야겠다.

내가 얼마나 연주를 사랑하는지, 요 짧은 순간에 편지 쓰는 것 좀 보라지~~~~~

연주야 아프지 말자!!!!

(2023년 2월 15일 대학로에서)

#11 심연주에게 보내는 여덟 번째 편지

아하! 강아지똥

∿∿∿∿∿∿∿

2월이 끝나가는 요즘은 마치 방학이 끝나가는 아이처럼 미뤄둔 일기가 걱정되는 심정이야. 3월 1일에 연습장에서 보게 될 〈강아지똥〉 멤버들과의 만남도 기대되지만 은근 긴장도 되네.^^

2023년부터는 리뉴얼 된 새 분위기의 〈강아지똥〉으로 순회공연을 하게 되는데 작품의 변화를 알려드리는 '강아지똥+?'의 이름 짓기를 고민하던 중에 후보로 나온 '새 강아지똥', '뉴 강아지똥'보다 '아하! 강아지똥'으로 새롭게 이름을 지었어.

작품을 대하는 나의 경험에서 시작된 것인데, 2001년 처음 공연하면서부터 지금까지 강아지똥은 나에게 늘 '미처 생각지 못한 깨달음'을 주었어. 그러다 오강남 님의 책들을 읽다 보니 '아하'라는 말을 귀하게 전하고 계셔서 '아하Aha!(무엇을 이해했거나 찾아냈을 때 내뱉는 소리-네이버사전)를 덧붙이면 새로운 강아지똥을 짓는 뜻이 잘

나타날 것 같다는 생각인 거지.

　요즘 들어 우리의 불안하고 두려운 삶에 권정생 선생님의 강아지똥 생각이 큰 위로가 된다고 생각해. 작품에서 전하는 '너와 나는 하나이며 우리는 바로 너'라는, 그래서 '우리는 혼자가 아니라는 위안'을 배우는 〈강아지똥〉은 공연 만드는 사람인 내게 가장 큰 보람과 사명으로 여겨져서 감사하게 되지.

　이번 연습엔 지난 공연에 받았던 리뷰와 새롭게 발견 된 이슈들을 가지고 발전시키려 해. 지난해 쇼케이스 공연 연습을 하면서 나는 비로소 권정생 님만 남았다고 안심했어.

　지난 21년간 작품을 각색하고 만들면서 나는 '권정생 님의 의의'를 먼저 구하기보다 재미를 핑계 삼아 쇼·볼거리로 위장하고 있다는 자책이 들었었어. 매해 작품마다 작품을 향한 열정과 노력이라고 착각하며 자랑했던 것들이 오히려 '선생님을 가리고 있었던 것'은 아닐까 생각했던 거지.

　어린이들이 다 아는데, 어린이들이 강아지똥 박사인데, 어린이들이 얼마나 사랑하는 동화인데…. '움직이는 동화'로 새롭게 보이는 맛은 있었을지 몰라도 권정생 선생님의 진정을 보고 싶은 마음에는 부응하지 못했다는 고백이 절로 되는 거야.

　요즘 생각하는 강아지똥 고민은 『오강남의 생각』(현암사)이란 책에서 말씀하신 '강아지똥과 화엄사상'이란 말이야. 오강남 님은 권 선생님과 비슷한 시기에 같은 마을에 살면서 같은 일직초등학교를 다니셨으며, 권정생 님을 '한국의 페스탈로치'라고 인정하셨어.

그런 앎이 있어서인지 강아지똥을 지으신 작가의 마음을 깊이 알아봐 주신 것이 바로 민들레를 피운 '강아지똥의 화엄사상'이야.

"우리 곁에서 우리의 삶을 아름답게 피워내는 강아지똥 같은 인물이 우리 곁에 있다고 하는 것이 더할 수 없이 큰 의미를 지닌다"고…. (오강남 교수 페이스북)

신학자인 선생님의 깊은 생각에 놀랐지만, 이내 아하! 가슴을 쳤지. '그래, 강아지똥이 부처고 예수이며 한울인데~.' 하고 가슴이 뜨거워졌어.

권정생 선생님이 어린이들에게 전하고 싶은 말씀이 무엇인지 비로소 보이는 듯했지. '아, 이래서 선생님 생전에 내게 "평생 강아지똥 하라!"고 하셨구나~.' 하는 깨달음도 있었지. 강아지똥 공연 22년 만에 선생님의 참뜻을 느끼게 되다니, 난 부끄러워서 혼자 얼굴이 빨개졌어. 이 '화엄'을 어떻게 관객들에게 보여 줄 수 있을까….

공연 후기 중에서 어머니 관객이 전해 주신 이야기야. 아이와 공연을 보고 집에 가는 길에 민들레가 피어 있었는데 아이가 그러더래.

"강아지똥이 언제 여기까지 와서 민들레를 피웠지?"

어머니 말씀이 이렇게 이어져.

"그동안 내가 강아지똥인지 알았는데, 오늘은 내 아이가 나를 어머니로 피워 주는 강아지똥 같다."

공연을 한다는 것. 연출이랍시고 작품을 이리저리 재단하지만, 관객은 이미 아신다고 생각해. 대표라거나, 연출이라거나, 작가라거나…. 끝내는 내 이름도 내려놓고 진솔하게 작품을 만나는 자리를 만드는 것에 더 많이 정성을 기울이고 싶다. 오롯하게 강아지똥하고 관객만 모시고 싶다고….

오늘 들은 뉴스에서, 어린이가 없어서 어린이집들이 줄줄이 '폐원'한다고 하는데, 강아지똥을 '어른이' 다시 보기 컨셉으로 만들어야 하나…. 혼자 구시렁구시렁.

강아지똥 맘.

김정숙 드림

#12 김정숙에게 보내는 네 번째 편지

딸국이와 나, 다시 시작하는 하루

사랑하는 김정숙 대표님.

대표님, 그동안 평안하게 잘 지내셨나요? 정말이지 오랜만에 펜을 듭니다.

지금 이 곳은 집 앞 놀이터 벤치예요. 아이들은 한 명도 보이지 않고 할머니 한 분이 열심히 훌라후프를 돌리고 계십니다.

커피숍에 들렀다가 와자지껄 사람들이 너무 많아서, 오늘은 야외에서 글을 씁니다. 덥지도 춥지도 않고 하늘은 맑고 바람도 적당한 정말 꿈같은 날씨예요.

이틀 전 부산에서 공연을 마치고 올라왔습니다. 어린이들을 위한 공연이었고 공연 시간도 짧은 편이라 큰 부담은 없었지만 공연은 역시 공연인지라 돌아와서 하루 이틀 꼬박 누워 있었습니다.

몸은 귀신같이 정확해요. 방전되면 눕고 싶고 충전되면 일어나

집니다. 오늘은 아주 오랜만에 걷기도 하고 곡도 조금 썼습니다.

  제 시간에 끝내지 못한 일들이 눈앞에 쌓여 있습니다. 이럴 땐 숨이 턱턱 막혀요. 예기치 못한 사건으로 잠시 동안 삶의 시계가 멈추어 있었습니다. 더 이상 미뤘다간 중요한 일에 차질이 생길 것 같아 억지로라도 일상의 굴레에 저 자신을 복귀시키려고 노력 중입니다.

  오늘은 어버이날이에요. 유학 시절 때를 제외하고 일생에 처음으로 부모님을 찾아뵙지 못했습니다. 바쁘다고 거짓말을 했어요. 아직 덜 아문 상처를 보시면 무척이나 속상해하실 게 뻔하기에 어쩔 수가 없었습니다. 대신 용돈 조금 부쳐드리고 좋아하시는 음식 몇 가지를 우편으로 보내드렸습니다. 하얀 거짓말도 결국은 나쁜 거라고 평소 믿는 사람이지만, 하얀 거짓말이 정말 필요한 때도 있는 것 같아요.

저는 한동안 방황했었습니다. 스스로를 감당할 수 없어서 떠돌아다녔다고나 할까요? 방황도 결국은 살기 위해서 하는 것 같습니다. 어쨌든 방황의 큰 장점(?)은 직무유기가 허용된다는 사실입니다. 물론 너무 길어지면 안 좋긴 합니다. '직면'은 미룰 순 있어도 피할 순 없거든요.

곡 쓰기, 걷기, 집안청소 등이 다 하기 싫어졌습니다. 그냥 누워만 있고 싶었어요. 처음에는 사람도 만나기 싫어서 요리조리 피하다가 어느 순간 그들의 위로가 필요해서 이불 밖으로 나왔습니다. 대표님께 편지를 쓰면 혹여 나아지지 않을까 몇 번이고 시도를 해보았지만 다 실패했습니다. 전 기쁨은 바로 나누어도 슬픔은 바로 못 나누겠어요. 제가 누군가와 슬픔을 나눌 때에는 그래도 맘이 조금은 괜찮아졌다는 증거입니다.

그날은 유난히도 완벽한 날이었어요. 어제 있었던 일도 잘 잊는 편인데 그날의 일과는 이상하리만치 다 기억이 나요. 오늘 하루 의미 있게 참 잘 살았다고 느껴질 만큼 충만했던 날. 대학로서 극단 단원들이 자발적으로 완성한 워크숍 공연을 관람한 후 사랑하는 동료 성훈이와 긴 밤산책을 했습니다.

봄내음 가득한 대학로 밤거리 걷기를 스킵하는 건 일종의 죄악이니까요. 잠자는 시간 빼고 매순간 함께 일하며 붙어 다녔던 극단의 짝지와 아주 오랜만에 만나 수다 데이트를 하는 건 인생의 크나큰 행복입니다.

"요즘 작업은 어때?" "건강은 괜찮고?" "최근 너의 삶의 화두는 뭐니?"

제 질문이 쏟아집니다. 밥 한술 함께 못한 것이 아쉽고 미안했습니다. 마침 빵집 하나가 눈에 들어오기에 냉큼 들어가서는 빵 한 꾸러미를 샀습니다. 우리의 오랜 우정같이 몽글몽글 부푼 빵들….

'훈아, 가서 가족들하고 먹어!'

훈이가 고마워합니다.

사실 제가 더 훈이에게 고맙습니다. 훈이와 아쉬운 작별을 하고 집 앞에 거의 다 왔는데 갑자기 허기가 몰려왔습니다.

남편한테 전화하니 자기도 지금 배고프다고.

'아까 내 빵도 살 걸 그랬나?'

그래 얼마만의 야식이냐, 떡볶이도 먹고 닭강정도 먹자. 칼로리 걱정은 제쳐둔 채, 야심한 밤에 인스턴트 음식으로 한 상 차려놓고 냠냠 짭짭 잘도 먹었습니다.

남편에게 오늘 하루 겪은 일들을 무슨 성과 보고 하듯 줄줄이 늘어놓고, 작품 얘기 사람 얘기 내 자랑 남의 자랑 쉴 새 없이 떠들

면서 하하 호호, 깔깔 껄껄….

　두둑한 포만감에 밤잠이 밀려와 기분 좋게 씻고 잠자리에 누우려는 찰나에 그 사달이 벌어졌습니다. 새벽 한 시가 다 돼 가는 시각이었습니다. 사실 제가 집에 들어왔을 때 딸꾹이는 곤히 자고 있었습니다. 하루 종일 못 놀아준 게 미안하기도 하고 잠시라도 꽁냥꽁냥 놀고 싶어서 제가 간식으로 유혹하여 일부러 깨웠습니다.

　야밤에 엄마 집사 때문에 활성화된 딸꾹이가 후다다 후다다 집안 여기저기를 뛰어다니다가 그만…. 제 오른쪽 얼굴을 뒷발로 긁으면서 소파로 점프를 했습니다. 저희 부부는 평소 이불을 깔고 소파 바로 밑에다 머리를 두고 자거든요.

　순식간에 벌어진 일이라 남편과 저도 속수무책이었습니다. 피가 흘러내렸습니다. 손으로 만져 보니 무시할 양이 아닙니다. 그 순간 어마어마한 피곤이 몰려왔습니다. 큰일이 났다고 머릿속은 비상이 걸렸는데 몸은 눕고 싶습니다. 불길한 일은 이미 벌어졌어, 때는 늦었어. 그냥 포기해. 뭐 그런 느낌. 잠이 들어서 꿈을 꾸고 있는 것 같은 착각도 들었습니다.

거울을 보려고 일어나는데 남편이 막아섭니다.

"연주야, 거울 보지 마!"

보지 말라고 하니 더 보고 싶습니다.

거울보고 망연자실.

같은 문장만 계속 되뇌었습니다.

"오빠, 나 이제 어떡해…."

"엄마, 나 이제 어떡해…."

속은 통곡을 하는데 눈물이 잘 안 나옵니다. 전 진짜 슬프면 눈물이 잘 안 나와요. 눈물이라도 흘려야 속이 풀릴 것 같아서 곡소리를 내며 눈물을 짜냈습니다.

"옷 입어! 응급실 가자!"

남편의 명령이 단호합니다.

"나 지금 가기 싫어. 내일 가면 안 돼?"

"미쳤어? 빨리 가서 꿰매고 파상풍 주사도 맞아야지!"

'소 잃고 외양간 고쳐서 뭐하려고?' 제 솔직한 심정이었습니다.

그러나 남편의 성화에 하는 수 없이 옷을 주워 입고, 맨발로 운

동화를 구겨 신었지요.

딸국이가 현관으로 저를 쫓아 나옵니다.

화가 난 남편이 딸국이를 발로 밀쳐냅니다.

"여보, 그러지 마."

남편은 딸국이가 많이 원망스러웠나 봅니다.

그 와중에도 전 딸국이가 하나도 안 미웠어요. 고의가 아니고 사고였으니까요. 실수라면 실수고.

그날 병원 응급실 두 군데를 들렀는데, 무슨 정신으로 치료를 받고 돌아왔는지 기억이 잘 안 나요. 스물다섯 바늘을 꿰맸다는 사실과 파상풍 주사 맞을 때 간호사가 건조한 목소리로 "따끔합니다."라고 말하고, 제가 질척거리는 목소리로 "상관없어요. 제 맘이 무너져서 따끔 정도는 문제도 아니에요."라고 답했던 기억 뿐….

이건 뭐 신문 사설 쓰는 사람에게 시를 들이민 격. 그렇게라도 속을 토로하며 위로받고 싶었던 모양입니다.

사건이 벌어진 오늘보다 더 힘든 건, 혼란을 처리하고 감당해야 할 내일입니다.

집으로 돌아와 뻗었는데 곧 아침입니다.

아침에 눈 뜨기 싫으면 제 마음이 힘들다는 증거입니다. 식음을 전폐한 비운의 여인이 되고싶은데, 항생제를 하루에 네 번이나 먹으라니, 굶을 수도 없습니다.

화장실에 갈 때마다 어쩔 수 없이 거울에 비친 제 모습을 보았는데, 꿰맨 상처가 의료용 밴드에 가려 보이지 않는 게 차라리 낫다는 생각이 들었습니다.

딸국이와는 거리를 두었습니다. 물리적으로나 맘적으로나 다요. 밉지는 않았지만 평소처럼 대할 수는 없었습니다. 녀석도 잠만 잤습니다. 가라앉은 저의 기운을 알아차린 거죠.

제가 처한 상황이 현실 같지 않았습니다. 시간을 되돌리고 싶었어요. 내가 왜 그 야밤에 잘 자고 있는 녀석을 깨웠을까 후회가 막심했습니다. 누구도 원망할 수 없는, 하다 못해 저 자신도 원망할 수 없는 이 어이없는 사고 때문에 다른 곳도 아닌 얼굴에 평생 지워지지 않을 흉이 생길지도 모른다니…. 소사 소사 맙소사! 평생을 곁에 두면서 돌봐주고 사랑해 주고 싶은 귀한 존재가 실수로 나를 해쳤을 때 드는 난감하고 복잡한 심경은 뭐라 설명할 수 없는 감정이었습니다.

남편도 저만큼 속이 복잡했던 모양입니다. 딸국이를 집으로 데리고 들어온 장본인이니까요. 딸국이를 무척이나 예뻐했거든요.

새롭게 사랑하게 된 존재가 반편생 함께 해 온 동반자의 얼굴을 긁어놨으니 얼마나 맘이 아팠겠어요.

나중에 고백하길 저 몰래 길에다 놓아줄까 생각도 했대요. 우리 말고 딱히 키워줄 사람도 없을 테니, 그게 최선이 아닐까 하고.

사건 다음날 저녁쯤인가, 온종일 미동도 없이 잠만 자는 딸국이가 눈에 밟혔습니다. '저 자식이 뭐 알고 그랬나?'

남편에게 전화했습니다. "여보, 올 때 딸국이 간식이랑 장난감 좀 사 와! 글구 제발 발톱 좀 제때 깎이고…."

남편이 놀랍니다. 딸국이를 밀어내도 시원찮을 판에 오히려 챙기니까요. 그래도 한동안 남편은 딸국이에게 냉랭했습니다. 곁도 잘 안 주고, 딸국이가 이리저리 뛰어다니면 "쟤 또 흥분했다"면서 달갑지 않아 했습니다.

제가 대꾸했습니다. "쟤 원래 저러고 놀아. 발톱이나 제때 깎아주고 '후다다' 안 하게 평소에 많이 놀아줘!"

그러면서 덧붙이길, "내가 흉터 붙잡고 하루 종일 한탄하는 것도 불행이고, 딸국이 우리 집에서 천덕꾸러기 만드는 것도 불행이야. 우리 불행해지지 말자."

이번 일을 겪으면서 가장 감사했던 건, 주변 지인들의 진심 어린 위로였습니다. 전 위로하는 걸 좋아하는 사람인데 위로 받는 것도 참 좋더라구요. 저 대신 울어준 이도 있었고, 하던 일 다 팽개치고 한걸음에 달려온 친구도 있었습니다.

제 마음도 조금씩 아물기 시작했습니다. 'Let it go…. 어차피 벌어진 일이고, 막을 수 없는 일이었어. 그냥 받아들이자. 그리고 치료에 전념하자, 의술도 많이 좋아졌으니까.'

솔직히 대표님이 해주신 말씀이 가장 큰 위로가 되었습니다.

"연주야 딸국이가 더 큰 사고를 막아준 것 같아."

딸국이와의 거리도 조금씩 좁혀 나갔습니다. 안아주고, 놀아주고, 간식도 주고, 아이스크림 같은 목소리로 수다도 떨어주고….

제가 그 녀석 잘 때 뱀처럼 웅크린 몸에 얼굴 파묻는 거 참 좋아했어요. 이제 그 짓도 못하겠다 싶었는데 그게 다시 되더라구요. 좋으니까. 예쁘니까….

실밥을 풀고 며칠이 지나서 밴드를 떼 내야 하는데 겁이 많이 났습니다. 응급실 갔던 날 이후, 처음으로 제 눈으로 상처를 마주해야 했거든요. 야밤에 친구랑 통화하다가 느닷없이 밴드를 떼어냈습니다. 미루고 미루던 숙제를 말도 안 되는 순간에 해치우듯이.

상처는 걱정했던 것보다는 훨씬 괜찮았습니다.

감사 기도가 흘러나왔습니다.

잘 아물게 해주셔서 감사합니다. 잘 견디게 해주셔서 감사합니다. 남편을 원망하지 않은 것에 감사하고, 무엇보다 딸국이를 미워하지 않은 것에 감사합니다.

이제 남은 숙제는 일상으로 돌아가는 겁니다. 해결되지 않은 일들은 그대로 남아 있고, 해야 할 일들은 더 많이 쌓였습니다. 슬픔과 후회는 거두어 버릴 시간입니다.

상처를 마주하는 것도 힘들었지만, 덮어둔 현실을 마주하는 일도 쉬운 일은 아니더라구요.

제 마음의 고향은 다름 아닌 저 자신입니다. 정처 없이 떠돌던 방황의 시간도 이제 끝이 났으니 다시 고향으로 돌아가야죠.

남편에게 이런 말을 했던 기억이 납니다.

"여보! 내 삶은 점점 단순해지는데 편지에 쓸 내용이 없어지면 어떡하지?"

입이 방정. 인생을 뭘로 보고! 한치 앞을 알 수 없는 게 인생 맞는 거 같습니다.

오늘 하루 무사하게 보낼 수 있는 것이 얼마나 큰 은혜고 감사고 축복인지 매일 매일 깨달을 수 있다면…. 오만하거나 불행한 기분이 들 때마다 딸국이 마크를 들여다보려구요. 인간은 늘 까먹는 존재니까.

딸국이는 지금쯤 베란다에서 편안하게 자고 있을 거예요. 우리의 관계는 다시 회복되었습니다. 얼굴의 상처도 언젠가는 회복되겠죠.

바람이 차가워지고 있어요. 그래서 기분이 좋습니다.

홀라후프 할머니도 어느새 자취를 감추셨네요.

사랑하는 대표님, 저희 곧 만날 수 있는 거죠?

보고 싶습니다. 늘 그렇듯이.

사랑의 연주가.

#13 심연주에게 보내는 아홉 번째 편지

엄마, 저 이제 제 힘으로 살아볼게요

연주야.

너무 부러운 연주야. 엄마랑 네덜란드 여행중이라니, 참 좋겠다. 덕분에 나도 오늘은 엄마 생각 실컷 할란다.

오래전, 엄마가 돌아가시고 나서 한참이 지난 뒤에도 나는 엄마를 부르며 울다 잠이 드니, 울 엄마가 어떻게 아셨는지 꿈에 찾아오셨어. 반가운 마음에 "엄마!" 하고 달려가니 어머니가 "이제 네 힘으로 살아라!" 하며, 혀를 차고 가셨어. 꿈에서도 엄마 보니 좋아서 막 웃었지. 멀리 가시는 어머니 등에 "예~ 제 힘으로 잘 살아볼게요~" 하고 소리쳤어.

톨스토이는 '사람은 사랑으로 산다'고 했는데, 연주야 나는 울 엄마 힘으로 산다. 다행히 어머니와 대화가 많았던 덕분에 내가 모르는 나의 어린 시절을 상상해 보곤 해.

어머니는 "네 뒤통수 납작한 것만 봐도 알 수 있지. 너를 재워 놓고 영화를 보고와도 자고 있더라." "나는 네가 펜대 쥐고 사는 게 소원이라서 너를 업고 광화문 조선일보사 마당에다 내려놓았지…."라고 말하곤 했지.

덕분에 기자는 못 되어도 자판은 두드리며 살게 되었어.

6.25전쟁으로 가족을 모두 잃은 어머니는 자식이 너무 소원이라, 이북에서 피난 온 아버지를 만나 37세에 나를 낳으셨어.

'팔통 멋쟁이'라던 울 엄마는 당신의 옷을 뜯어서 내 옷을 만들어 입혔지. 어찌나 알뜰하셨던지 아버지 속옷을 기워서 입으실 정도였어. 어려서는 가난한 늙은 어머니 모습이 싫어서 도망 다녔는데, 어머니는 늦은 나이에 낳은 자식이 나중에 당신 없는 세상에서 거지가 될까 걱정하시어 돈을 모으셨던 거야.

그런 엄마 마음도 모르고 난 학교 소풍 때도 엄마가 오지 못하게 했어. 정말 나쁜 딸이야.

어머니는 아버지랑 사시며 아프셨어. 나이가 들고 보니 어머니 아버지 두 분의 외로움이 보여. 그래도 어머니는 자식들을 위해서 참고 또 참으셨어.

어머니가 돌아가시던 날. 크리스마스 이브 날 용인 자연농원에서 공연 총연습을 마치자마자 기다렸다는 듯 중환자실에 계시던 '어머니가 위독하시다.' 연락이 왔어. 그 밤으로 서대문 적십자병원으로 달려가 어머니에게 "일 다 했어. 엄마 이제 가도 돼요." 그랬더니 다음날, 크리스마스 날 새벽에 어머니가 가셨어.

　난 가끔 생각 나. 어머니를 모시고 이웃의 환갑잔치에 갔을 때 춤을 추시던 어머니 모습에 놀랐던 나. 난 도대체 어머니라는 한 여자를 뭘로 생각한 걸까?

　전화로 내 목소리만 들어도 가슴이 저리다는 어머니 사랑이 버거워 늘 도망치던 딸.

　어머니가 돌아가시고 빈집에 앉아서, 언제나 자식들을 기다리며 혼자 고독했을 어머니를 부르며 울던 기억.

　불효녀, 김정숙이다~.

　기도.

　해마다 가을이 되면 외갓집에서 쌀가마니가 올라왔지. 그러면 어머니는 시루떡을 지어 장독대에 올려놓고 고사를 드렸어. 늘상 고사가 끝나기만을 기다리던 내가 문득 어머니의 기도를 들었네.

　어머니는 내가 어디를 가도, 누구를 만나도 사람들이 못난 딸을 "어미의 눈과 마음으로 보아주기!"를 빌고 계셨어. 나의 근거 없는 자신감은 다 어머님 때문이야.

　한 번은 박옥출 배우가 '엄마가 사주었다'고 아주 따뜻한 패딩을 입고 왔기에, 하늘에 대고 "엄마! 나도 패딩 사줘!" 하고 소리쳤더니 박옥출 배우가 나를 끌고 백화점에 가서 패딩을 사줘서, 패딩

91 · 김정숙의 편지

을 잡고 울었네.

내가 웃을 때, 내가 무릎이 아플 때, 내가 외로울 때 나의 모든 행동들에서 어머니가 생각나. 나이가 들수록 엄마랑 똑같아지는 모습에서 고개를 끄덕이지. 엄마가 그래서 그랬구나….

일제치하에 태어나 6.25 전쟁으로 가족을 다 잃고 영등포 방적공장에서 억순이로 살아남은 어머니. 어머니의 소원이었던 자식인-나를 얻고자 피난민 아버지와 재혼하신 어머니. 그 딸이 명줄이 짧으니 하고 싶은 거나 하다 죽으라던 딸은 어느덧 환갑이 훌쩍 넘고, 명줄도 길어져서, 이것도 어머니덕인가 싶어 손금을 들여다본다.

이제 나는, 어머니의 마음을 흉내 내고, 엄마처럼 웃고, 진심으로 사랑하려고 해. 엄마 소원처럼 내가 어머니는 못 되었지만, 어머니 마음을 흉내 내며 사는 것만으로도 참 고맙다.

지금 나의 소원은, 영화에서 보듯이, 나 죽어 엄마 만나러 가는 날에, 제발 울 엄마가 나를 맞아 주었으면 하는 건데….

문득, 연주 덕분에, 울 엄마 생각했다.

고마워~.

여행 잘하고 와!

김정숙 드림.

#14 심연주에게 보내는 열 번째 편지

강아지똥이 민들레가 되기까지

창문을 열어놓으니 유치원 어린이들 소리가 새처럼 날아든다. 아파트 텃밭 수업이 있나보다. 어린이들 소리를 들으면 웃음이 절로 난다. 선생님을 불러도, 친구에게 재잘대어도 뭐든 다 진심이기 때문일 거야.

아이들을 내려다보니 문득 권정생 선생님이 생각난다. 강아지똥이, 37년생이신 선생님이 69년에 발표하신 데뷔작이고 보면, 우리 극단의 막내인 명준이 나이 때 쓰신 작품이네.

나는 가끔 선생님이 강아지똥을 지으시던 그날, 비오는 밤, 마당의 강아지똥을 바라보는 선생님의 모습을 상상해 봐. 저녁은 드셨을까? 홀로 고독하게 앉아 아픈 몸을 붙들고 장차 쓸모를 기대하기 어려운 몸이라고 삶을 쥐고 있는 손을 놓고 싶어 하시지는 않으셨을지….

그 절망으로 가득한 눈에 든 민들레 새싹을 발견하신 건 참 놀라운 깨달음 같아. '개똥도 약에 쓰려면 없다'는 속담 속 천덕꾸러기 강아지똥이 민들레가 된다는 한 생각은 선생님에게 펜을 들게 한 것은 물론 이후 너무나도 많은 '강아지똥들'을 구원하는 복음이 되지.

이제 어린이들이 떠나고 나는 돌아서서 선생님의 민들레 마당을 서성이고 있어. 제 몸을 녹이고 녹여 민들레로 흘러드는 강아지똥.

민들레 또한 강아지똥을 더럽다 쓸모없다 차별하지 않고 온몸으로 똥을 받아들여 꽃으로 피어내는 그 장엄함에 난 그만 주저앉고 말아. 선생님이 풀어내신 생명의 진실인 이 장면을 무대에서 어떻게 전할 수 있을까? 2001년 초연 이래로 엊그제 163번째 극장을 나서면서도 나는 아직 보지 못한 이 장면을 숙제처럼 끌어안고 있지.

다시 눈을 돌려 선생님을 생각해. 선생님이 본 세상, 어린이, 그리고 민들레 꽃잎을 짓는 강아지똥처럼 작품을 쓰시는 선생님.

내 눈은 어디를 보고 있는지, 내 마음은 어디를 향해 있는지…. 부끄러워서 얼굴을 가리게 된다.

가끔 난 선생님과 새끼손가락을 걸며 '강아지똥을 평생 하겠다'고 한 약속의 의미를 생각해. 선생님이 보셨던 1960년 어린이와

지금 내가 바라보고 있는 어린이들의 환경은 물질적인 변화 외에는 크게 바뀐 것이 없다는 생각이 들어. 오히려 디지털 환경 속에 유기되어, 인성이 기계화 된다는 더 큰 위기감에 이제 내가 강아지똥을 그만둘 수가 없다는 생각이야. 세상의 어린이들에게 강아지똥을 전해야 한다고 간절해지는 거지.

나는 기도하듯이 매일 매일 선생님의 비 오는 마당을 찾아가서 강아지똥을 들여다보노라면 나를 민들레로 키우신 수많은 강아지똥들이 떠오르고 이제는 똥이 된 내가 민들레로 흘러가는 것을 보게 된다. 비로소 '장생'이라는 오래된 이야기가 나를 관통하여 피어나는 것을 보며 나는 좀 경건해진다.

연주야 요사이 나는 호강에 넘쳐 요강에 앉아 노래한다. 몸이 좀 거시기 하다는 핑계로, 몸과 마음의 안테나를 낮추었더니 참 좋다.

스마트 폰보다 사람을 더 많이 보려고 해. 미루어 둔 이야기 공부를 많이많이 할 테야. 마음이 아픈 사람들에게 이야기로 처방하는 의사가 되고 싶다는 생각도 구체적으로 발전시키고 싶어.

요즘 난 이렇게 살아. 사무실을 없애서 넘 좋고, 이제 레파토리도 정리하여 창고도 없앨 거야. 더 좋은 작품을 짓기 위한 내일로 떠나기 위해 자꾸 가벼워질 거야.

〈블루사이공〉을 제작할 때 가졌던 꿈과 용기를 나는 기억해. 〈들풀〉을 짓던 그 열정은 지금도 나를 지탱하는 힘이야. 아, 〈오아시스 세탁소 습격사건〉은 내 마음의 영원한 세탁소이지.

〈심청이〉, 〈소녀〉, 〈꽃가마〉, 〈내꺼야〉, 〈쓰레기꽃〉, 〈숙영낭자전을 읽다〉….

어제를 놓고 조금 더 가벼워지는 연습을 하며 관객들을 향해 맑은 가슴으로 서고 싶다. 고요히, 조금 더 고요히….

관객들과 눈을 마주치고, 숨을 고르게 하여 하나씩 풀어지고 녹여내어, 진정으로 관객의 강아지똥이 되고 싶다.

오늘 아침에, 웃는 강아지똥 편지를 보낸다, 연주야.

#15 김정숙에게 보내는 다섯 번째 편지

나에게도 드디어 평화가 찾아오는 걸까

〰️〰️〰️〰️〰️〰️〰️

사랑하는 대표님께.

대표님 그동안 잘 지내셨나요?

새해가 밝았습니다. 한동안 편지가 끊겼었지요.

다 제 게으름 탓입니다.

할 말이 너무 많을 때는 할 말이 많아서, 할 말이 너무 적을 때는 할 말이 적어서 자꾸 미루다 보니 이렇게 몇 달이 흘러버렸습니다.

그동안 많은 일이 있었습니다. 따지고 보면 몇 달이 지났을 뿐인데 과거의 제 자신이 아득하게 느껴집니다.

생각도 변하고 마음도 변했습니다. 전보다 훨씬 가벼워져서 스스로를 감당해내기가 수월해졌습니다. 대표님, 저에게도 드디어 평화가 찾아오는 것일까요? 일일이 다 설명하지 않아도 대표님은 다 짐작으로 이해하실 거예요. 넓고 깊으신 분이니까.

온 지구의 역병인 코로나에 걸려 빌빌거리고 헉헉대며 곡을 썼던 기억이 납니다. 섭외해 놓은 연주자들과의 리허설이 코앞이라 하루바삐 편곡 작업을 마쳐야 하는데, 정신도 흐리고 온몸이 너무 아파서 진도를 나갈 수가 없는 거예요. 작업실 소파에 웅크리고 누워 흐느껴 운 적도 있습니다. 뮤지컬은 음악이 전부인데 나 때문에 망하면 어떡하지…?

그때의 감정을 편지로 썼다면 모든 게 다 응석뿐이었을 거예요. 당시의 복잡했던 상황을 지금 와서 구구절절 설명하는 것도 크게 의미는 없을 것 같고요.

천만다행으로 그 높은 장벽을 가까스로 뛰어 넘었고, 전보다 나은 사람이 되었길 진심으로 바랄 뿐입니다.

대표님은 어떤 새해를 맞이하셨나요?

저는 생애 처음으로 새해를 맞이하면서 '평화로움'을 느꼈습니다. 십수 년 전, 삶의 난항을 겪으며 정신적으로 허우적거리고 있을 때, 아무런 대가 없이 저를 위해 기도해주시고 아낌없는 사랑을 공급해주신 전도사님 한 분이 계셨어요. 지금 생각해 보면 하나님이 내려주신 수호천사가 아니었나 싶어요. 그분이 보내주신 수많은 위로 문자의 맨 마지막 단어는 늘 한결같았습니다.

샬롬! (히브리어로 '평화' '평강'을 의미하는 뜻)

전 그 단어가 낯설고 이상하게 느껴졌습니다. 적어도 제가 속한 세상의 단어는 아닌 것 같았어요. 때때로 화도 났습니다. 당시의 저는 그 '반대어'에 잠식된 사람이었거든요.

평화…. 평화가 뭘까? 인간이라는 복잡한 생명체가 진정한 평화를 누릴 수 있을까? 평화를 누리는 삶은 행복할까, 지루하지는 않을까?

돌이켜보면 저는 '혼돈'에 중독된 사람이 아니었나 싶습니다. 벗어나고 싶으면서도 한편으로는 그것을 갈망하는 기괴한 아이러니.

새해가 되면 맘이 여러모로 싱숭생숭해집니다.

그동안 잘 살았나 자신에게 막 묻게 되고, 앞으로의 미래가 걱정도 되고 기대도 되고, 뭔가 대단한 각오를 세워야 할 것 같기도 하고.

그런데 희한하게도 이번 새해에는 제 맘과 영혼이 강처럼 고요하고 잔잔했습니다. 그 감정이 참으로 좋았구요.

나이가 들어가며 자연스레 삶에 대해 무감각해지는 그런 종류의 것이 아니고, 예전보다 진실에 가까운 것을 더 많이 알 것 같으면서 마음은 충만한 그런 기분.

대표님. 저는 아주 오랫동안 시간에 등급을 매기며 살았습니다. 제가 보내는 모든 시간에 가치 등급을 매기는 거죠. 예를 들어 음악 공부에 투자하는 시간은 가치 1등급입니다. 때문에 아침에 눈을 뜨면 그 시간부터 확보하려 했고, 그 시간이 허락되지 않은 하루는 왠지 가치 없는 하루처럼 느껴졌습니다.

설거지하기, 공과금 내기 등 생활 유지를 위해 꼭 필요한 이런저런 과업들은 어김없이 뒤로 미루었습니다. 그런 일들은 남아도는 시간에나 하는 하찮은 일이라고 치부해 버렸죠. 참으로 철없는 생각입니다.

예술가나 음악가의 관점으로 보자면 아예 이해할 수 없는 삶의 태도는 아니지만, 그것이 결국 제 삶을 갉아먹고 있다는 사실을 뒤늦게야 깨달았습니다. 보이지는 않지만 느낄 수는 있는 인생의 구멍.

가치 있다 여겨지는 시간을 보낸 날은 행복했지만, 가치 없다 여겨지는 시간을 보낸 날은 우울했습니다. 직업에도 귀천이 없다는데, 하물며 시간에 귀천을 지었으니, 저의 하루는 제 기준에 따라 귀하기도 하고 천하기도 했던 겁니다.

중요한 미션에 너무 몰입한 나머지 더 중요한 것들을 다 놓쳐버린 영화 주인공처럼, 인생의 첫째가는 과업을 수행한다는 핑계로 사람답게 살기 위해 꼭 필요한 현실적 과제들을 다 팽개쳐 버렸으니 삶의 구멍이 생길 수밖에요.

블링블링한 콘서트를 그럭저럭 잘 마치고 집으로 돌아온 어느 날 밤. 발 뻗고 편하게 누울 공간조차 없이 흐트러진 방을 보고 공허한 슬픔이 몰려왔습니다. 화려한 조명 아래서 멋들어지게 연주하고 환호의 박수 받으면 무엇하랴. 설거지는 산더미, 냉장고는 텅 텅 텅….

평생의 화두였고 염원이었고 영감이었던 단어들을 성취하기 위해 제가 무시해 온 것은 다름 아닌 저 자신이었습니다. 혹은 저 자신의 well-being.

꿈도 귀하지만 꿈보다 더 귀한 건 존재 그 자체입니다.

저는 요즘 이렇게 생각하려고 노력합니다. '곡을 쓰는 시간이나 청소기 돌리는 시간이나 둘 다 똑같이 중요해, 혹은 둘 다 똑같이 중요하지 않아. 뭐가 더 중요하고 덜 중요하고 그런 건 없어. 모든 게 그저 삶을 이루는 요소들일 뿐이야.'

무척이나 지혜로운 것 같으면서도 유별나게 어리석고, 엄청 빠른 것 같으면서도 무지하게 느린 사람이 저란 사람 같습니다. 지금보다 더 평화롭고 자유로운 삶을 살고 싶어요. 두려움을 직면하는 용기도 갖고 싶고요.

오늘은 기압이 낮아서 그런지 오른쪽 무릎이 콕콕 쑤십니다. 연주할 때 긴장하면 무릎에 힘을 주는 버릇이 있는데 그게 자꾸 무리를 주나 봅니다. 그래서 요즘엔 연습할 때 많은 주의를 기울입니다.

정형외과에 가 봐야 하는데 가기가 싫습니다. 귀찮은 것도 있고 무슨 문제가 생겼을까 두려워서요. 그래도 가봐야겠지요. 제 무릎은 소중하니까요.

사랑하는 대표님

또 편지 보낼게요.

행복한 하루 보내세요.

당신의 소울프렌드 연주가.

#16 심연주에게 보내는 열한 번째 편지

마음속 작업실에 불이 켜지는 날

~~~~~~~~~~~~~~~~

연주야.

비가 많이 온다.

집에 있니? 아니면 작업실?

비가 와서 산책을 할까, 아니면 딸꾹이랑 놀고 있을까….

공연이 끝났으니 잘 쉬고 있을까?

전화 한 통화면 될 일을 비 오는 하늘에 대고 묻고 있네.

디지털로 가까워진 거리를 잠시 밀어두고 이리저리 상상해 보며, 무엇이든 연주가 좋으면 다 좋겠다고 혼자 정한다.

어제는 풍문으로 듣던 전시공간 '피크닉'에 다녀왔어. '갤러리'라기보다는 기획자의 의도가 잘 보이는 '복합 문화 전시공간'이 더 잘 어울리는 곳이야.

그리고 작년에 만들어 놓았다는 '옥상정원'도 궁금했거든. 평일을 잡은 선택도, 점심식사 전으로 정한 시간 선택도 모두 좋았어. 느긋한 산책 같은 관람을 마치고, 마지막 4층 루프탑 정원에 놓인 소파에 푹 안겨 한껏 누린 호사로 마음이 보송해졌어.

현재 전시는 프랑스와 알라르의 〈비지트 프리베〉라는 사진전이야. 각기 다른 장르의 예술가들의 집을 방문해서 삶의 공간을 촬영한 작업인데 대단히 흥미로웠어. 예술가의 작품 너머 삶의 공간을 알라르의 렌즈를 통해 보는 것도 귀해서….

집 자체가 '예술 갤러리'라고 할 정도라 사람의 자리가 없어 보여서 나름 의구심도 들었지만, 관람을 할수록 예술을 사랑한 사람들의 지극한 애정이 느껴지고 그 사랑에 점차 나도 모르게 스며들게 되면서, 작가가 말한 대로 '예술의 아름다움이 마음의 반창고'라는 말에 백퍼 공감!!!

작가가 '소울 헌팅'이라 부르는 예술가들의 마음속 같은 공간들을 보면서 한동안 무심하게 버려둔 내 마음속 작업실에 불이 켜지는 것이 느껴졌어. 고마워라~. 마치 작가의 렌즈가 내 마음속을 들이대는 느낌이랄까….

어제 전시실을 다녀 온 후 떠오르는 구상에 골몰한 탓에 꿈에서도 작품을 들락거려서 밤새 내 노트가 분주했지.

삶은 만남의 연속이고 인생 경험을 바탕으로 선택의 지혜를 갖게 되는 것이라면 오늘의 나는 앞으로 '더' 만남의 소중함에 '더더더' 집중해야겠다고 생각하고 있어.

지난 6월에 '제주 희곡문학 심포지움'에 참석하면서 시간을 내어 말로만 듣던 제주도의 본태박물관과 방주교회를 방문하였어.
작가의 '예술심에 대한 존중과 나눔'의 고귀함에 대해 내 몸으로 직접 느껴 볼 기회를 접하고 나서 '앞으로 더 자주 만남의 기회를 갖고자 노력하겠다' 다짐했었는데, 피크닉의 루프탑 정원에서 너무 행복해하는 나를 보며 그 결심을 다시금 다지게 되었어.

연주야.
나는 알고 있어.
내 작업은 모두 나에게 책임이 있다는 것을.
나를 좋게 해서, 관객들에게 지금보다 더 좋은 작품을 보여 드리고 싶다는 간절한 바람이야.
언젠가, 행위 예술가인 '마리아 아브라모비치'가 티베트 여행 중에 만난 스님에 대한 이야기를 한 것을 그녀의 책에서 본 적이 있어. 마침 그녀가 찾아 간 마을의 스님이 십년 동굴 수련을 마치고 내려오는 날이라 마을에서는 환영하는 축제가 열리고 마리아도 초대를 받아서 참석했다지.

그녀는 '말도 통하지 않을 텐데' 하고 걱정하며 잔치에 갔는데 뜻밖에 스님의 공덕으로 말 없음에도 마음의 평화가 가득한 체험을 했다고 했어.

나는 그 자리를 상상해 봐. 스님을 맞이하여 잔치를 벌이는 대중들의 기대심. 그리고 그 자리에 내리는 축복 같은 참 가슴 벅찬 환희심! 내가 가장 바라고 사랑하고 간절히 원하는 그 생명의 순간!

나도 작품을 통해서 그 스님과 같이 되고 싶다는 소망을 가졌어. 관객 마음에 아주 작은 인연이 되고 싶다는….

부디, '다른'말 너머에 기다리는 마음은 '같다'는 이 진리를 내가 잊지 않기를….

오늘은 책 읽기 딱 좋은 날.

얼릉 라면하나 끓여 먹고, 겐지의 동화 속으로 뿅~~~~~.

김정숙이 연주 편지를 기다리며.

#17 김정숙에게 보내는 여섯 번째 편지

외로움은 고독으로 두려움이 사랑으로

사랑하는 대표님께.

대표님, 안녕하세요. 보내주신 편지 감명 깊게 잘 읽었습니다.

마치 귀한 진주를 고르듯이 한 단어 한 단어 신중히 골라내어 문장을 만들고 저의 솔직한 내면을 누군가에게 전달하는 이 과정이 저는 참 좋습니다. 그 누군가가 대표님이어서 더 그런 것 같아요.

성숙하고 고귀한 사람을 마주하면 제 자신이 한껏 고양되는 기분입니다. 대상이 갖춘 아름다운 격을 지켜드리고 싶고요.

타인을 대하는 태도가 즉 자신을 대하는 태도라는 생각을 합니다. 모든 생명을 귀히 여기시는 대표님은 진심으로 자신을 귀하게 여기시는 분 같아요.

오늘은 일요일, 날씨가 유난히도 맑고 화창합니다.

몇 달 후면 여동생 내외와 남동생 가족 모두가 외국으로 떠납니다. 여동생네는 네덜란드로 떠나고 남동생네는 미국으로 떠납니다. 단순한 여행이 아니고 영구히 옮겨 살기 위해 떠나는 거라 가족 모두에게 그리 가벼운 이슈는 아닙니다. 함께 할 시간이 얼마 남지 않았기에 요즘에는 주말마다 온 가족이 모여 식사를 합니다.

'왜 이런 시간을 더 많이 갖지 못했을까…?' 의미 없는 사건과 부질없는 인간관계에 몰입하는 데 많은 시간을 낭비했다는 생각이 듭니다.

'중요한 건 왜 이리도 늦게 깨닫는 걸까…?' 한편으로는 다행입니다. 죽을 때까지 깨닫지 못하는 것보다는 나으니까요.

물리적으로 같이 할 시간이 유한하다고 생각하니 서로의 만남이 더욱 소중합니다. 지구의 시간도 유한하고 인간의 생명도 유한합니다. 어찌 보면 그것이 하나님의 창조 원리 중 가장 기막힌 한 수 같습니다.

영원한 시간이 허락되어 절대로 죽지 않는 인간이라면 욕망의 괴물, 게으름의 좀비, 둘 중 하나는 되어 자기와 꼭 닮은 존재들과 으르렁거리며 비참하게 살아가겠죠. 생각만 해도 지옥입니다.

요즘 불쑥불쑥 떠오르는 삶의 화두들을 두서없이 늘어뜨려 보겠습니다. 마치 대표님과 마주 앉아 수다 떠는 기분으로요.

사랑의 반대말은 '미움'이 아니라 '두려움'이라고 합니다. 처음엔 이해가 가지 않았는데 곱씹어 볼수록 맞는 소리 같아요. 저는 두려움이 많기도 하고 적기도 한 사람입니다.

대표님, 제가 평소에 무얼 두려워하는지 재미 삼아 나열해 볼게요.

운전(고속 공포증이 있어서 고속도로를 달릴 때 진땀이 나도록 무서움). 구토를 하거나 구토하는 사람을 지켜보는 것(거의 포비아 수준. 구역질 소리가 너무 싫고 내용물을 확인하면 몇날 며칠 밥 먹을 때마다 생각남). 동굴, 바다 속, 우주를 찍어 놓은 사진. 누군가를 실망시키는 것. 대상에 따라 다르긴 하지만. 일생의 꿈을 이루지 못하는 큰 병에 걸려 아픈 것. 혼자되는 노후. 사랑하는 대상을 잃는 것. 생명에서 죽음으로 넘어가는 최후의 순간을 맞이하는 것. 사후세계 경험자들의 이야기에 따르면 그 순간이 굉장히 평화롭다고는 하던데…. 탄생의 순간은 인식할 수 없어도 죽음의 순간은 인식할 수 있으니 어찌 보면 탄생보다 죽음이 인간에게 더 중요한 이벤트 같아요. 어느 날 눈을 떴는데 '아차차 잘못된 길로 너무 멀리 와서 이제 돌이킬 수 없구나!' 후회하면 어쩌나…. 제발 그럴 일은 없기를….

저는 상실을 두려워하고 소외를 두려워하며 외로움과 고통 그리고 죽음을 두려워합니다. 그다지 특별한 케이스도 아닙니다. 정상적인 인간이라면 누구나 느끼는 두려움일 테니까.

그래도 피할 수 있는 두려움이 있다면 무얼까? 죽을 때까지 죽음이 두려울 것 같고, 겪어도 겪어도 고통은 고통스러울 것 같은데, 외로움이라는 감정에 대해서는 그래도 약간의 대처능력을 키울 수 있지 않을까?

혼자 그리고 외로움. 숟가락과 젓가락처럼 한쌍으로 붙어 다니는 두 단어입니다. 인간은 '혼자'(being alone)의 상태를 두려워합니다. 사회적 동물이기도 하고, 타인과의 관계를 통해서 자기를 확인하고 생존할 수 있는 개체라 그렇기도 하겠지요.

그러나 인간이 '혼자 있음'을 기피하는 진짜 이유는 아마도 자기 자신을 직면하는 게 두렵기 때문일 겁니다. 타인을 관찰하며 판단하는 일은 쉬워도 자신을 들여다보며 성찰하는 일은 쉬운 일이 아닙니다. 아니, 쉬운 일이 아닌 게 아니라 고통스럽기 짝이 없는 작업이죠.

세상에서 가장 시끄러운 나, 나의 뼛속까지 속속들이 알고 있는 나. 어리석은 나날들이 남긴 후회, 해결되지 않은 슬픔, 뱉어내지 못한 원망, 수습 불가능한 낯 뜨거운 실수들, 씻을 수 없는 수치심과 벗을 수 없는 죄책감, 무의식으로 행해지는 지속적인 자기 비하….

껄끄럽고 불편한 감정들로 범벅이 된 자기 자신을 정면으로 그것도 '홀로' 마주한다는 것, 무척이나 감당하기 힘든 일이죠. 적어도 저는 그랬습니다.

그것을 의식적으로 연습하는 행위가 바로 명상과 기도가 아닐까 싶어요. 명상, 나를 바라보는 연습, 기도, 나를 내려놓는 연습….

처음엔 부끄러웠습니다. 온 몸이 화끈거릴 정도로. 저 자신이 밉기도 했고 가엽게도 느껴졌습니다. 부인도 하고 투쟁도 벌이는 과정을 수없이 반복하다가 어느 순간에 저 자신에게 제가 지쳐서 나가 떨어졌습니다. 그리고 그냥 인정해 버렸습니다.

이게 나구나…. 못났었구나…. 그런데 그게 나로선 최선이었구나. 변명을 하는 '나'도 '나'고, 종지마냥 작은 그릇이 '나'구나. 평생을 걸치고 다녔던 뾰족하고 두꺼운 갑옷은 나를 지켜냈을지는 모르겠으나 남에겐 생채기를 냈겠구나. 나로 인해 상처 받은 모든 이들에게 어떻게 사과를 하지? 이제 와서 사과하면 받아주기나 할까?

지나친 방어, 냉정한 공격. 불안해서 소유하고 싶었고, 확신이 없어 완벽하고 싶었고, 타인의 눈에 들기 위해 우월하고 싶었고, 열등감을 지우기 위해 최고가 되고 싶었고…. 쏟아지는 감정, 부끄러운 욕망, 채워지지 않는 결핍…. 그 모든 것들이 흘러나온 근원의 실체를 알게 되면 있는 그대로의 자신을 보게 됩니다.

'세상에 보이는 나'라는 사람 너머의 '진짜 나.' 거울로는 볼 수 없는 나의 참된 '전신.' 테스 형이 전 인류에게 외칩니다. "너 자신을 알라!"

그 말을 저는 이렇게 듣습니다. "나의 참모습을 직시하는 괴로움을 통과하여 참된 행복으로 나아가라."

자신을 제대로 알게 되면 자기를 진심으로 수용하게 됩니다. 자기와의 화해, 즉 치유의 과정이 시작되는 거죠. 나와 지내는 시간이 점점 더 편안해지고, 내가 나한테서 진정한 유대감을 느끼게 됩니다. 혼자 있는 시간이 좋아지고 그 시간을 더 원하게 됩니다. '외로움'이 '고독'으로 전환되는 순간이죠. 외로움에 떠는 처량한 자가 고독을 음미하는 풍요로운 자가 돼 버립니다.

자기 자신과의 동행만으로도 충만한 상태. not being lonely but being solitude(외로움이 아닌 고독).

스스로를 신뢰하게 되면서 타인을 신뢰하게 되고 세상을 신뢰하게 됩니다. 너 자신을 사랑하듯 네 이웃을 사랑하라는 예수님 말씀은 진리입니다.

극심한 자기 연민에 빠져서는 언제나 주변인과 세상을 탓하며 칭얼거리는 사람들을 볼 때마다 제 마음에 이런 생각이 스칩니다. '아직도 자신과 화해하지 못했구나….'

'혼자'라는 상태는 문제가 없습니다. '혼자는 외롭다'라는 생각이 문제일 뿐입니다. 그 생각이 우리를 괴롭히고 우리를 더 큰 외로움에 빠지게 합니다.

두려움에 관하여 이야기꽃을 피우다가 여기까지 왔네요. 내친김에 '관계'에 관한 요즘의 제 생각도 써 볼게요.

저는 다양한 분야에서 활동하고 있는 사람들을 두루두루 알고 지내는 편이지만 그들 모두와 친해질 필요는 없다고 생각하는 사람입니다. 진심이 통하는 몇 사람만 곁에 있으면 충분히 만족스럽거든요. 수박 겉핥기식의 관계는 아예 만들지도 말자는 주의였지요.

그러다가 어느 날부터인가 욕심이 생겨났습니다. 30대 후반? 40대 초반 즈음을 지나갈 때였어요. '사람이 전부가 아닐까?'라는 생각이 온 마음을 지배했습니다.

'앞으로 인간관계를 넓히는데 더 적극적인 에너지를 쏟아보리라. 지속해 오던 관계에도 물과 양분을 충분히 공급하여 전보다 더 장대한 꽃을 피워 내리라.'

한동안 그 과정이 흥미로웠습니다. 인생의 또 다른 의미다운 의미를 찾은 것 같기도 했고요. 위태로운 중년으로 향해 가는 시점에, 사람 보험을 드는 것 같아 마음도 든든했습니다.

그러나 그 생각이 그리 오래가지는 못했습니다. 관계도 중요하지만 관계보다 더 중요한 건, 관계를 이루는 개개인의 성숙이라는 것을 알게 됐거든요. 서로의 성숙을 저해하는 관계라면 그것의 유지를 위해 괜스레 애쓸 필요 없을 것 같아요.

관계에도 유통기한이 있다는 것 어디서 주어 들었는데 인정하기 서글프지만 틀리지 않은 이야기 같습니다. 그럼에도 불구하고 꼭 지켜내야 할 소중한 관계들은 있습니다. 정말 귀중한 사람들은 물과 공기처럼 존재해서 의식하기가 쉽지 않습니다. 뭘 해 달라 딱히 요구하는 것도 없고, 나를 좀 알아 달라 응석부리는 일도 없으니까. 늘 곁에 있으니 안전하고 배신당할 위험도 없고….

그러니 우리의 관심은 자연스럽게 다른 사람들에게로 향합니다. 나는 꽤 근사한 사람이고 너에게 꼭 필요한 존재라는 것을 증명하기 위해 불필요한 에너지를 써 가며 애정 공세를 합니다. 애정 잔고가 텅텅 비면 가장 가까운 관계까지 돌보는 건 무리입니다. 그래서 나중으로 미룹니다. 나중에 잘하지 뭐. 지금은 귀찮아.

남편에게 부인에게, 부모에게 자식에게, 동생 형 그리고 누나 오빠에게, 우린 그러고 삽니다. 아니, 제가 그러고 삽니다. 나중은 없다는 사실을 나중에서야 깨닫게 되는 거죠. 참을 수 없는 인간의 미련함이라니….

또 낯이 붉어지지만, 자책감에 빠지는 것도 사치입니다. 감정에 매몰되면 행동은 뒷전이 되거든요.

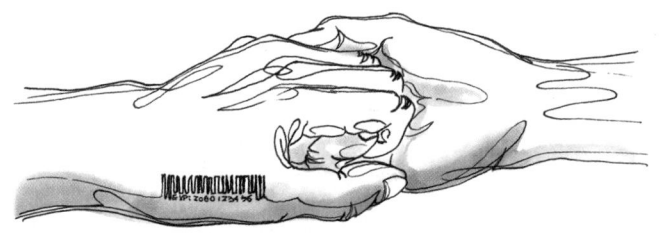

오늘은 가족들을 위해 손수 김밥을 쌀 겁니다. 모양은 볼품없어도 맛은 끝내주는 연주표 막김밥. 온 가족이 함께 할 수 있는 얼마 남지 않은 이 시간을 절대로 헛되이 보내지 않으리라 몇 번을 다짐했습니다. 그럼 평생 후회할 것 같아서요.

대표님, 아직도 철 들 일이 투성이니 어떻게 하면 좋을까요? 왠지 모르게 대표님의 따스한 미소가 그려집니다. 지금 이 편지를 읽으시면서 그런 미소를 짓고 계실 것 같아요.

"괜찮아 연주야 모두가 그렇게 사는 걸 뭐. 그렇게 실수하면서 또 자라나는 거야. 잘하고 있어 우리 연주 파이팅!"

맑은 영혼만큼 청아한 대표님의 목소리가 들려요.

사랑합니다, 대표님! 그리고 감사합니다.

늦은 편지 인내 있게 기다려주셔서.

저의 진짜 친구가 되어주셔서.

또 연락드릴게요. 그때까지 건강하셔야 해요.

그럼에도 불구하고 우정과 예술은 불멸하다고 믿는
당신의 연주가.

#18 심연주에게 보내는 열두 번째 편지

오늘은 그런 날

오늘은 '그런 날'이다.
예감이 앞서는 날.
꼭 타야 하는 버스가 눈앞에서 떠나고, 나를 찾는 카톡이 달려들고, 갑자기 화장실이 급해서 쩔쩔 매는 날.
얼굴은 활활 타오르고, 숨은 가빠지는 사이에… 나는 안다.

오늘은 한 달에 한 번 병원 가는 날 아침이다.
배에다 손을 얹고 잠시 시간을 구한다. 신기하게도 부글거리던 장이 순해진다. 난 안다. 내 몸은 나를 도와 참아 주리란 것을….
이상하다. 꼭 병원 가는 날이면 생각지도 못한 일들이 빚쟁이처럼 찾아와 아귀다툼을 벌인다. 더하여, 그토록 조심하던 감기한테 걸린 듯 골까지 지끈거리기 시작하면 치료를 병행할 수 있을지 한

숨이 저절로 나온다.

그런데, 오늘은 다른 날보다 심하다. 아차 실수하면 누구에게라도 숨겨 둔 손톱을 드러내어 망신을 톡톡히 당할 상황이다.

'왜 이러지?'

이대로는 안 된다. 병원 복도에 멈춰 선다. 숨을 고르고 나에게 귀를 기울인다.

'자, 어떻게 하고 싶어?'

나에게 묻는다.

'업무 하나는 미뤄도 될 것 같아.'

나는 대답한다.

'그렇게 해!'

'저녁 모임도 부담스러워.'

'그렇지!'

'하지만 무조건 불참하기엔 주최 측의 마음을 상하게 할까 걱정돼.'

'그래 그렇겠다.'

'컨디션을 조금 더 지켜보고 결정할까?'

'좋아. 몸에게 먼저 물어봐야겠지.'

'어제 저녁에….'

'어제 저녁에?'

120 · 김정숙의 편지

'좋아하던 배우가 자살했어.'

'아, 그랬구나~. 그래서 힘들었구나….'

'너무 놀라서…. 그리고, 자꾸 마음이 아퍼.'

'지금도 힘들어?'

'응. 자꾸 마음이 쓰이네. 내가 죽고 싶었던 순간들도 떠오르고….'

'너두 죽을까봐 무서워?'

'응. 나 사실 무서운 것 같아.'

'그래, 그래 보인다. 다른 날 같으면 '혼자서 병원에 오다니 다행이야, 피를 한 번에 뽑아줘서 고맙네~.' 하고 감사를 찾을 텐데~.'

'나, 오늘은 검사 결과가 이상할 것 같아.'

'너, 저번에 후배가 했던 말이 마음에 걸려?'

'응. 솔직히'

'후배가 '어떻게 그렇게 오래 버티냐'고 했던 말이 마음에 얹혔지?'

'응…. 뭐라고 답해야 할지 모르겠더라. 내 방식대로 '감사와 사랑이 진짜 약'이라고 말하면 안 될 것 같아서 못하겠어.'

'사람들이 건강에 대해서 물어 보면 긴장 돼?'

'응. 좋다고 말하면 교만 같고, 아프다고 말하면 폐를 끼치는 것 같아서 말할 때마다 겁이 나.'

'걱정할래, 기도할래?'

'기도해야지…. 오늘 아침 카톡들도 넘 힘들었어. 타인들은 나를 비추는 못난이 거울 같아. 마감을 앞두고 의견을 물으면 시간을 다투니 답하기가 너무 어려워. 결국 짜증으로 답을 하게 되니 또 짜증이야. … 또 오아시스를 공연 한다는 고등학생의 문자를 받았는데, 그 학생이 하는 질문들에 신경이 날카로워지는 내 모습이 당황스러웠어. 심지어 내가 답변 내용을 검색을 해서 전달해 주며 이렇게 찾아보라고 했어. 그렇게 친절을 베풀어 놓고서도 기분이 계속 나빠져서 '내가 왜 이런가' 생각해 보다가 그 아이들에 대해 갖고 있던 소심한 불신이 떠올랐어. 좋은 척, 착한 척 하고 서비스 하고는 갑자기 꼰대인 나를 들킨 부끄러움이랄까…. 아이들이 아무것도 못하는 게 아니라 아이들을 기다리지 못한 건 난데, 오히려 보이지도 않는 아이한테 스트레스를 투척하는 내가 꼴보기 싫었던 거야. 남들은 내가 아닌데 나는 왜 내가 아는 걸 남이 모른다고 투덜거리고, 카톡 답장이 늦는다고 짜증부리고…. 그리고 진짜는, 내가 이미 알고 있을지도 모를 검사 결과의 불안을 숨긴 채 지금 병원 복도에 앉아 있는 거야. 진짜 난 오늘이 무서웠던 거야….'

'…… 그랬구나….'

'음, 하지만 선생님을 만나기 1시간 전이다. 지하 식당 가서 밥

먹고, 차도 마시고…. 일단은 그러자. 그러고 나서, 다시 천천히 선생님을 뵈러 가자~.'

2.

연주야.

결국, 선생님에게 다시 검사해 보자는 이야기를 들었다

나는 안다. 그 말씀이 내게 먼저 달려와 온통 먹구름 속에 허우적대게 만들었다는 것을….

진찰실을 나오며 나는 오히려 맑음이 되었어. 이제, 다 멈추고 검사를 하고 결과를 들을 때까지 나는 휴업이다!!!

아무것도 미리 걱정하지도, 반성하지도, 후회하지도 않을 테다.

단지, 바람이 부는 곳으로 가서 '멍' 때리고 싶다.

연주야. 오늘은 그런 날이었다~.

김정숙 드림.

#19 심연주에게 보내는 열세 번째 편지

태초에 이야기가 있었다

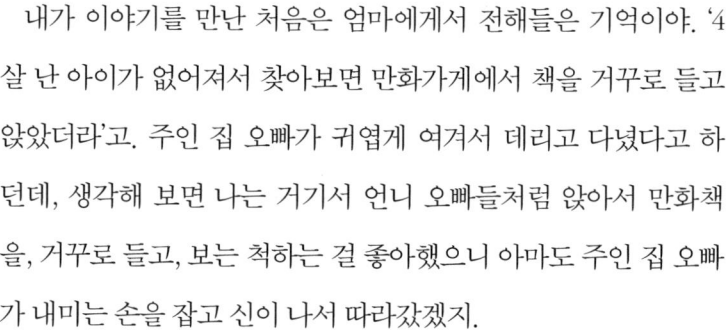

내가 이야기를 만난 처음은 엄마에게서 전해들은 기억이야. '4살 난 아이가 없어져서 찾아보면 만화가게에서 책을 거꾸로 들고 앉았더라'고. 주인 집 오빠가 귀엽게 여겨서 데리고 다녔다고 하던데, 생각해 보면 나는 거기서 언니 오빠들처럼 앉아서 만화책을, 거꾸로 들고, 보는 척하는 걸 좋아했으니 아마도 주인 집 오빠가 내미는 손을 잡고 신이 나서 따라갔겠지.

그다음 기억은 초등학교 1학년 때 옷장 문 뒤에 크레용으로 크게 써 넣은 '유리는 슬프다.'

학교에 들어가고 난 뒤 글씨를 알면서부터는 용돈이 생기면 만화가게에 직접 가서 만화를 본 기억이 나.

어느 만화던가 주인공 유리의 슬픔에 깊이 동화되어 옷장 문 뒤에 큰 글씨로 새기듯이 슬픔을 기록했으니 말야. 더욱이 한 살 위

'숙경'이란 동네 친구에게 만화 속 이야기를 요모조모 꾸며서 들려주면 재밌다고 고개를 끄덕여 주어서 신이 났었지.

그다음에 만난 이야기는 라디오 드라마였어. 창문 위 선반에 놓인 라디오에서 흘러나오는 재미난 이야기들, 한가로운 저녁, 엄마 무릎을 베고 누워 천장에 내 맘대로 그려보던 이야기들.

초등학교 3학년 때 이사 간 집의 화장실에 휴지로 매달린 영화대본집을 만난 건, 참 지금 생각해도 신기해. 만화와 다른데 인물과 대사로만 죽 이어진 종이 한 장이면 냄새나는 화장실도 드라마 현장으로 바뀌었지. 지금도 궁금한 것이 그때 주인집에 누가 있어 화장실에 끊임없이 영화대본이 매달려 있었는지 잘 모르겠는 거야.

학교 도서관에서 만난 계몽사 세계동화를 다 읽을 무렵에는 친구네 집 책장을 기웃거렸지. 1시간만 보고 가져다준다고 새끼손가락을 걸고 빌려와 번갯불에 콩구워 먹듯 책을 읽었으니, 속독은 이때 절로 깨우쳤어. 텔레비전 드라마로 만나는 배우들이 보여주는 이야기와 책속의 이야기는 달라서, 더 맛있는 무엇으로 먹어도 좋을 사과와 바나나 같은 맛이었지.

중학교 때 국어선생님이신 동화작가 조대현 선생님이 '점심시간에 방송으로 책 소개를 하라'고 하시는 말씀은 책자랑 하기 좋아하던 여학생을 더욱 우쭐거리게 만들었지.

도서관에서 책을 보면서 가장 많이 본 것은 『이희승 국어대사전』이야. 아마도 연극해서 처음 받은 사례로 산 책도 바로 그 책이었지. 먹을 수 있다면 그 책을 매일매일 한 장씩 씹어 먹고 싶다고 생각했어. 욕심이지.

사춘기를 책과 함께 보내면서 내가 작가가 될 거라는 생각보다는 어렴풋이 작가라는 사람들에 대한 느낌을 가질 수 있었어. 지금도 가끔 듣는 말이지만, 책이 제일 좋은 친구고 선배고 스승이다 보니 간혹 대화에 몰입하다 보면 상대방에게서 마치 '책을 읽고 있는 것 같다'는 말을 들을 때가 있어.

하지만 인생이 책은 아니더라. 지금도 생생이 기억 나. 대학을 못 가고 책 세일즈맨으로 세상에 처음 발을 내딛던 스무 살에 만난 사람책. 처음 만난 사회의 민낯에 놀라고 두려웠던 때 만난 사람들. 그 사람들을 읽으며 비로소 난 내 이야기의 이정표 앞에 선 듯한 느낌이었어.

책 속의 할머니가 아닌 진짜 할머니의 이 빠진 웃음, 드라마 속의 가정부가 아닌 언 손을 이끌어 따뜻한 차 한 잔을 내 주던 언니들, 오래도록 친구가 되어준 옥금 언니…. 길에서 만난 소중한 인연들 덕분에 나는 사람 책에 귀 기울일 줄 알게 되었어.

그리고 스물두 살에 연극을 만났을 때 나는 비로소 목적지에 도착한 듯 안도의 숨을 쉬었지.

리텔링의 시대. 그동안 만난 모든 이야기들이 내 안에서 무럭무럭 자라고 있었어. 난 꽃밭에 물을 주듯 종로서적 서가를 뒤졌지. 그 모든 다른 이야기가 사람으로 하나라는 생각도 그때 들었던 것 같아. "태초에 이야기가 있었다"고 혼자 중얼거리고 다녔지.

40년이 넘게 사람 이야기를 섬기면서 오르던 마루에 앉아 내가 사랑한 이야기의 주인공들을 바라보니 운명처럼 뒷전의 사람들을 찾아 모셨다는 것을 알게 되었어. 엄마 무릎을 베고 누워 들었던 한 맺힌 원혼들, 우금치의 절망에 통곡하던 들풀의 사람들, 월남에서 돌아 온 김상사님의 고통….

뒷전의 원혼들을 풀어 훨훨 날려 보내고 있었구나. 이게 내 인생이었구나. 내게 남은 이야기가 있다면 바로 뒷전의 사랑을 찾아 비추는 일이겠다고, 오래 걸은 길이 이정표가 되어 가르쳐 주는 듯하다,

이제 다시 길을 나서야겠지. 어디로 가는지는 알고 가서 그나마 발걸음이 가볍다.

내 친구 연주야.

저기 봉우리를 오르는 너의 힘찬 걸음이 보이는 듯하다.

큰 소리로 불러보고 싶다.

연주야 홧팅!!!

#20 김정숙에게 보내는 일곱 번째 편지

나의 음악, 피아노, 그리고 우울증…

사랑하는 대표님께.

대표님, 안녕하세요. 오늘은 초여름 같은 날씨입니다. 아침 기온이 꽤 쌀쌀해서 심플한 가죽 재킷을 입고 나왔는데 오후가 되니 조금만 걸어도 땀이 날 지경으로 덥네요.

공연 후 몸이 많이 힘드셨다는 문장이 마음에 걸립니다. 잘 드시고 충분히 휴식하셔서 얼른 회복되시면 좋겠어요. 저 또한 며칠 전 중요한 공연 하나를 끝내고 숨을 고르고 있습니다.

올해는 제가 삶을 사는 건지 삶이 저를 사는 건지 잘 모르겠습니다. 제가 삶을 끌고 가는 것이 아니라 삶이 저를 끌고 가는 기분이랄까요. 끌려가는 기분도 그다지 나쁘지는 않습니다. 수동적으로 대처만 해도 하루가 그냥 가니까요.

대표님, 요즘에 전 공연장이 마치 신데렐라가 호박마차 타고 출몰했던 무도회장처럼 느껴져요. 풀지 못할 실타래같이 엉켜 있는 현실의 문제들을 잠시 제쳐 둔 채 예쁜 옷 입고 곱게 화장한 얼굴로 꿈에 그리던 왕자님을 만나러 가는 거죠.

그곳엔 조명도 있고 춤도 있고 노래도 있고 박수갈채와 환호도 있습니다. 완전한 판타지죠. 저의 임무는 그 판타지의 일부가 되는 것입니다. 동료들의 땀으로 꾸며진 환상의 공간에서 마음껏 연주하고 자유롭게 뛰놀 수 있다는 게 얼마나 감사한지, 저 또한 오늘이 마지막인 것처럼 갖고 있는 에너지를 몽땅 쏟아 부어 공연에 임합니다. 무도회가 끝난 후 조명이 꺼지고 관객들이 다 퇴장하면 인생도 무대도 한낱 꿈에 불과하다는 생각을 합니다.

예전엔 공연을 끝내면 괜스레 맘이 공허하고 허전해져 지인들을 만나거나 홀로 길거리를 배회하곤 했는데, 요즘엔 집에 들어가 얼른 쉬고 싶다는 생각뿐입니다. 나이가 들었나 봐요. 호박마차와 유리구두의 환상은 존재하지 않는 현실이지만, 그곳이 제가 돌아갈 자리니까요. 차갑고 때때로 잔인하지만 평생을 살아내야 하는 그곳, '현실'이라는 인간의 학교.

그럼에도 불구하고 상상하며 창조하는 것을 업으로 삼고 현실 너머의 무언가를 찾아 헤매는 방랑자들이 있으니 그들이 바로 예술가가 아닌가 싶어요. 예술가들은 천성적으로 보헤미안이 맞습니다.

대표님도 이미 아시겠지만 올해는 제 삶에 많은 변화가 있었습니다. 순간순간 대처하기에 조금은 버거워도 장기적 안목으로 보면 긍정적인 일들. 안팎으로 어수선한 와중에도 나름의 결론에 도달하기 위해 진지하게 매달렸던 질문이 있습니다. 20대 언저리에 평생을 걸쳐 무엇을 하며 살고 싶은지 알게 되었고, 그때부터 지금까지는 그것을 어떻게 공부해야 하는지 알아가는 과정이었다고 해도 과언이 아닙니다. what을 알아채고 how를 탐색하는 여정.

어느새 40대 중반이 되어 버린 지금의 제가 봉착한 질문은 바로 이것입니다. 나는 왜 음악을 하는가? 왜 예술가로 살고 싶은가? '그저 좋아서'라는 답변은 더 이상 저 자신을 충족시킬 수 없습니다. 어쩌면 가장 원초적이고 필수 불가결한 동기임은 분명하지만 지나치게 나 중심의 대답 같기도 하고, 혹시라도 그 욕망이 사라지면 음악을 지속할 이유가 아예 사라져 버릴까 두렵기도 합니다.

전 아주 어렸을 때부터 음악에 관한 소회가 남달랐습니다. 당시에는 인식하지 못한 특징이고, 지금의 눈으로 보면 그랬었구나 싶어요. 멜로디와 화성의 조화가 빚어내는 아름다움을 직관적으로 알았습니다. 음악이 일으키는 다양한 분위기에 쉽게 매료되었고, 훌륭하게 조합된 소리들이 구현하는 환상적 세계를 경이롭게 여졌습니다.

울 아버지께서는 음악 감상을 좋아하셔서 밤새 음악을 틀어 놓고 주무셨습니다. 평생을 치열하게 사신 분인데 나름의 낙이 필요하셨던 모양입니다. 음악이 수면제 역할을 해주지 않았나 싶기도 하고.

그 시절에는 동생도 나도 어려서 '내 방'이라는 게 없었기 때문에 아빠가 선곡한 심야 라이브러리들을 함께 들으며 잠을 청해야 했습니다. 수면의 방해가 돼도 꾹 참으면서…. 아빠는 왕이니까요. ^^

당시에도 저의 음악적 취향이나 견해는 분명했던 것 같아요. 이 음악은 언제 들어도 좋아. 이 음악은 너무 대놓고 슬퍼서 별로야. 이 음악은 멜로디가 분명한데 어딘가 촌스러워. 이 음악은 들을 때마다 뭔가 기분이 가라앉고 찜찜해져 등등….

거리를 걷다가도 상점 스피커에서 맘에 드는 음악이 흘러나오면 걸음을 멈추고 곡이 끝날 때까지 들었습니다. 그 순간은 시간이 멈춘 느낌이었습니다. 길거리 한복판에서 순식간에 얼어붙은 동상처럼 서 있는 저를 제가 인식하고는 멋쩍어할 때도 많았지요.

전 주말을 늘 기다리는 아이였어요. 비디오도 없던 시절이라 영화는 주말에 TV를 통해서만 볼 수 있었거든요. 다행히도 저희 부모님들은 초저녁잠이 많으셔서 영화가 시작되기 전에 이미 꿈나

라. 그래도 만약을 대비해 볼륨을 최대한 작게 하고 저만의 영화 관람 타임을 즐겼습니다. 낯설고 신비로운 서양의 이국적인 배경들을 보는 것도 좋았고 이 세상 사람이 아닌 것처럼 느껴지는 예쁘고 잘생긴 배우들을 구경하는 것도 좋았습니다. 스토리에 푹 빠져서는 혼자 숨죽여 울고 웃고 탄식하고.

무엇보다 저를 완전히 매료시킨 건 영화에서 흘러나오는 배경음악들이었습니다. 영화 〈사운드오브뮤직〉을 처음 본 날은 잠을 못 이룰 지경이었으니까요. 그때 느꼈던 경이로움과 정서적 충격감을 아직도 잊을 수 없습니다. '세상에나 이토록 아름다운 음악들은 도대체 어떻게 탄생되는 걸까?'

저는 음악을 사랑했습니다. 음악은 저의 참자아(true-self)와 직통으로 닿아 있었습니다. '음악'이라는 위대한 성역에 저같이 평범하고 준비되지 않은 인간이 발을 들여놓을 수 있다면 목숨이라도 기꺼이 내놓고 싶은 심정이었으니까요.

워낙에 조기교육이 중요하고 강조되는 예술 분야라서 전문가(professional)가 되기에는 늦었다고 생각했습니다. 평생 음악 애호가로 사는 것으로 만족하자 했는데, 자신을 속이는 것도 한계가 있더라구요.

대학교 4학년 졸업 공연은 배우로서 마지막 무대였습니다. 격려와 환호의 박수갈채가 쏟아지던 커튼콜의 순간, 두 팔을 씩씩하

게 흔들며 관객들에게 작별 인사를 했습니다. 연기자가 되겠다는 꿈도 내려놓았습니다. 미련이 없었습니다. 막이 내렸고 제 인생의 한 챕터도 끝이 났습니다.

'음악을 할 거야. 훌륭한 음악가가 되고 싶어.'

영원히 다가갈 수 없는 대상 같아서 오랫동안 짝사랑하며 가슴앓이만 하다가 어느 날 훅 고백해 버렸는데 상대도 그다지 거부감을 보이지 않기에, '에라 모르겠다, 이제부터 사랑이다.' 맘먹은 사람처럼 온 기운을 끌어 모아 음악을 향해 돌진했습니다.

음악을 잘하는 사람이 되고 싶었습니다. 음악을 능수능란하게 다루고 싶었습니다. 거기에는 역설적인 욕망이 혼재되어 있었습니다.

'음악'이라는 신비로운 장르를 통해 나만의 예술적 상상력을 마음껏 펼쳐보자는 순수한 동기와 어떻게든 이 분야의 뛰어난 사람이 되어 '나'라는 존재를 증명하고 세상에 알려보자는 ego(거짓 자아)의 동력.

어느 순간부터 음악을 지배하고 싶은 마음이 저를 지배하기 시작했습니다. 음악이 제 삶의 모든 것이 되어 버린 거죠.

얼핏 들으면 멋있는 문장 같지만 사실은 위험한 문장입니다. 음악이 잘 되는 날에는 살 것 같다가 음악이 잘 안 되는 날에는 죽을 것 같았습니다.

열등감과 우월감은 동전의 양면입니다. 하루에도 몇 번씩 동전 뒤집히듯 자아상이 바뀌었습니다. 우월한 인간이 되었다가 열등한 인간이 되었다가, 다시 우월한 인간이 되었다가 또 다시 열등한 인간이 되었다가….

저의 과거를 깡그리 지워버리고 싶었던 적도 있었습니다. 10대부터 20대 중반까지 무엇이든 스펀지처럼 흡수할 수 있는 그 황금 같은 시기를 음악이 아닌 연극을 하며 허비(?)했다는 생각에 맘이 괴로웠습니다.

어쩔 땐 부모님도 원망스러웠습니다. 아주 어린 나이부터 '음악교육'을 호되게 시켰다면 지금 이 고생은 안 할 텐데…. 이미 훌륭하고 유명한 음악인이 되어 전 세계를 누비고 다녔을지 누가 알아…?

음악인이 되고 싶었는지 유명인이 되고 싶었는지 저도 모르겠습니다. 어쩌면 둘 다였겠죠.

어느 날부터인가 피아노 앞에 앉기가 두려웠습니다. 덩치 큰 검은색 물체가 괴물이 되어 언제라도 저를 삼켜 버릴 것 같았습니다. 멜로디와 화성을 동시에 연주할 수 있는 유일한 악기. 곡 쓸 때 꼭 필요해서 평생 친구로 지내야 하는 사이인데, 이건 뭐 친구는커녕 귀신보다 더 무서운 선생처럼 느껴지니….

그러나 사실은 저를 매섭게 노려보며 잡아먹으려 했던 주체는 피아노가 아니었습니다. 저 자신, 아니 좀 더 정확하게 표현하자면 저의 삐뚤어진 에고(ego)였어요. 건반을 누를 때마다 저의 에고가 외쳐댔습니다.

'그 소리가 아니야. 소리에 깊이가 없잖아.'

'손가락이 둔해서 더 이상 속도를 높이는 건 불가능하겠어.'

'연체동물이니? 왜 그리 손가락에 힘이 없어?'

'약지나 새끼손가락은 독립되기 글렀네.'

'슈만이 시도했던 것처럼 손가락에 줄을 매달아 독립성을 키워보는 건 어떻겠니?'

'작곡가는 피아노가 기본인데 그렇게 못 쳐서는 뭐가 되겠어?'

제 연주 실력을 판단하는 제 목소리 때문에 진땀이 날 정도로 연습시간이 힘들었습니다. 제가 미워지기 시작했습니다. 매 순간 비난하고 추궁하는 부정적인 목소리(ego)를 미워하는 게 아니고 그 목소리의 희생양인 진짜 저 자신(true-self)을 미워하기 시작한 거죠.

'넌 아무 것도 아니야.'

'넌 음악을 할 자격이 없어.'

'음악은 자격이 되는 사람이 하는 거야.'

오기가 생겼습니다.

그 목소리를 지워버리고 싶었습니다. 그 목소리가 지껄여대는 것들이 사실이 아니라는 것을 증명하리라 이를 악 물었습니다. 그래서 죽도록 연습했습니다.

제가 유학하던 곳은 당시 세계 10대 휴양지로 꼽히고 스티븐 스필버그 감독의 영화 〈쥬라기 공원〉의 배경지로도 유명했던 곳입니다. 산과 바다, 거대한 숲이 그림같이 펼쳐져 있었지요. 물론 저에겐 그림의 떡이었습니다. 집 근처 작은 호숫가에 나가 산책 한번 할 생각을 못했으니까요. 그저 연습실 또 연습실 또 연습실 또 연습실. 대체 왜 그랬을까요? 무슨 부귀영화를 누리겠다고, 그 넓은 땅덩어리를 자유롭게 누비며 날아다녀도 모자랄 판국에 손바닥만 한 연습실 한구석에 처박혀서는 열 손가락만 돌려대고 있었으니….

손과 어깨에 통증이 오면 쾌감이 느껴졌습니다. 열심히 했다는 증거니까요. 통증이 오면 오히려 연습을 멈춰야 하는데 그걸 몰랐습니다. 담당 교수님께 한번 여쭤볼 만도 한데 그저 꾹꾹 참았습니다. 잘못된 '열심'에 중독된 거죠.

그렇게 몰아붙이고 또 몰아붙이는데, 어느 날 두 손이 성이 난 풍선처럼 벌겋게 부풀어 오르기 시작했습니다. 마치 모든 걸 중지하라고 절규하듯이.

제가 어떻게 반응했을까요? 내 인생의 너무나도 중요한 콘서트를 앞둔 이 시점에, 평생을 걸쳐 기대하고 기다렸던 무대가 곧 있으면 펼쳐질 이 순간에, 나의 노력 나의 근성 나의 욕망을 감당하지 못하는 나약한 육체가 너무 미워서 분노가 치밀었습니다.

'이 정도 염증 따위는 정신력으로 이겨낼 수 있어.'

계속되는 연습으로 인해 증상과 통증은 더욱더 악화되었고, 결국은 그렇게도 염원하고 갈망했던 콘서트도 취소되었습니다.

모든 것이 무너졌습니다.

와르르르르르.

견디기 힘든 육체적 통증, 밀려오는 슬픔 실망감 절망감이 온 영혼과 전신을 덮쳤습니다. 일상생활이 불가능할 정도로 모든 것이 엉망이 되었습니다. 우울증이 찾아온 거죠. 물론 당시에는 그게 우울증인지도 몰랐지만….

M. 스캇 펙 박사가 그의 저서 『아직도 가야 할 길』에 우울증에 대한 정의를 이렇게 내려놓았습니다.

'포기할 줄 모르는 질병.'

저를 괴롭히던 그 끈질긴 목소리가 사라졌습니다. 다그쳐봤자 더는 얻을 것이 없으니까요.

대신 다른 목소리가 들려왔습니다.

'모든 걸 멈춰.'

'뭔가가 잘못되어 가고 있어.'

'너의 열망은 일그러진 집착이고 오만한 욕망이야.'

'넌 '거짓자아'의 노예가 아니야.'
'진짜 너로 돌아가. 제발…!'

제가 스물네댓 살에 유학을 갔으니까, 그로부터 약 20년이 흘렀습니다. 많은 것이 변하기도 했고 변하지 않은 것도 많습니다.

저는 지금의 저 자신이 좋습니다. 맘에 듭니다. 청춘이 아름답다는 것을 나이 들수록 더 느끼는 바이지만, 다시 그 시절로 돌아가고 싶다는 생각은 해 본 적이 없는 거 같습니다.

숱한 경험들을 통해 세상과 인간에 대하여 깊은 통찰을 갖게 되어 다행이고, 무엇보다 저에 대해 많은 것을 알게 되어 다행입니다.

물론 가장 다행이고 감사한 일은 아직도 음악인으로 살아가고 있고, 여전히 음악이 제 삶의 중심이라는 사실입니다.

음악은 더 이상 제 ego를 충족시키는 수단이 아닙니다. 이따금 그런 경향이 드러날 때마다 제 참자아가 조용히 속삭입니다.

'속지 마. 너의 그 불안한 욕망의 주체는 진짜 네가 아니야.'

편지의 서두에서 언급했던 스스로를 향한 질문의 결론은 이렇습니다.

'나는 왜 음악을 할까?'

음악을 사랑하기 때문입니다. 뻔한 결론, 클리셰 같은 문장이지만 그 이상의 대답은 존재하지 않습니다.

'앞으로 어떤 음악가가 되고 싶은가?'

음악을 더욱더 사랑하는 음악가가 되고 싶습니다. 전 예술가 집안에서 태어난 사람도 아니고, 어렸을 때부터 탄탄한 음악 교육을 받은 사람도 아닙니다. 훌륭하고 이름난 스승을 사사한 적도 없고 (몇 년 전 퓰리처상을 받은 한 작곡가가 저의 대학원 교수님이었는데 아파서 돌아오는 바람에 제대로 배우지도 못했습니다.) 음악계에 관련하여 뚜렷한 인맥이 있지도 않습니다. 지금도 음악가들보다 연극인들을 더 많이 알고 있으니까요. 소위 인정받는 음악인들이 대개 갖추고 있는 조건과 배경이 저에겐 없는 것이죠.

그러고 보니 제가 걸어온 길은 길 밖에 난 길이었네요. 그 길을 뜀박질해 온 범 무서운 줄 몰랐던 하룻강아지가 바로 저고요.

음악을 향한 사랑이 너무 커서 두려움이 뭔지도 몰랐습니다. 무모한 용기는 오직 사랑에서만 흘러나올 수 있나 봅니다. 사랑으로 탐구하여 맺은 결실이 이 땅과 이 세상 사람들에게 유익이 된다면 그보다 더 유익한 일이 있을까요?

허무함으로 가득했던 제 인생에 의미가 생겼습니다. 사랑이 넘쳐 열정이 되었고 열정이 숙성되어 사명이 되었습니다. 이 글을 마치는 대로 연습을 하려 합니다. 피아노 연습.

다시 피아노가 좋아졌습니다. 틈만 나면 곁에 가 앉고 싶고 만지고 싶고 소리 내고 싶습니다. 아직도 실수투성이, 갈 길은 구만 리지만 괜찮습니다. 사람이 늙으면 심심해 죽는다는데 공부할 것 이리 많으니 얼마나 다행이에요.

괴롭고 실망스러운 순간들은 늘 있지요. 그럴 때마다 피아노가 제게 속삭이는 것 같아요.

'괜찮아 그 소리도 아름다워. 그게 지금의 너고 너의 음악이야. 그러니 꼭 끌어안아주자.'

제가 피아노고, 피아노가 접니다.
제가 음악이고, 음악이 접니다.
이 모든 것에 평화가 깃들기 시작했습니다.
제 인생 최초의 안식년입니다.

사랑하고 그리운 대표님
오늘도 샬롬!

당신의 연주가

#21 심연주에게 보내는 열네 번째 편지

이제는 누구에게도 빚지지 않는 연극을 향하여

연주의 편지를 받고 김민기 님의 '봉우리'라는 노래가 생각났어. 노래가사처럼, 고갯마루 거기 부러진 나무 등걸에 걸터앉아서 길을 살피는 연주의 모습. 이렇게, 걷다가 문득 고개를 들어 바라보면, 거기 어느 봉우리에 오르는 연주가 보이는 풍경이 고마워.

난 요사이 올 들어 새롭게 바꾼 극단의 운영 방식이나 나의 창작 방식에 적응하고 있어. 코로나를 거치면서 훈련된 것으로 올 3월 말에 사무실을 없앤 것이 변화의 시작이 되겠지.

극단과 단원들의 관계 변화, 쪼들리거나 쫓기던 창작의 시간을 확보한 것, 레퍼토리의 선택과 집중, 작품의 장기적인 계획 등이 심적 여유를 갖게 해줘서, 이제 정말 숨 좀 쉬면서 살고 있어.

언젠가 다빈치 전기 작가가 자료를 산더미처럼 쌓아놓은 서재에서 집필하는 사진을 보고, 아주 많이 부러워 한 적이 있어. 자료

만큼 작품에 노력하는 시간에 절로 고개가 숙여졌던 거지.

이제 비로소 마음껏 자료를 찾고 살피고 마음을 주는 작업을 시작했어. 작품 속으로 침잠해 들어가는 이 고요가 고마워서 가끔 혼자 울기도 해~.

연주야.

나 이제 절대로 빚지지 않을 거야. 누구에게도 빚 안 지는 연극. 지원금에도 빚을 안 지고, 참가자들에게도 빚을 안 지고, 관객들에게도 빚을 안 지는 연극. 말하고 보니 우습지만, 더 지혜롭게 작업하자는 각오야~.

오늘 나는 코로나에 대한 두려움에서 떨치고 일어나 목욕탕을 갔다. 코로나가 시작된 이래 얼마나 가고 싶었던 목욕탕인지. 마스크를 벗어도 되는 오늘임에도 얼마나 망설였던지, 주변의 목욕탕이 문을 닫아 검색하고 차를 두 번 갈아타고서야 드디어 목욕탕에 도착했다.

다행히 목욕탕에 손님은 나 포함 다섯 명을 넘지 않는다. 마스크를 벗고 탕에 들어앉으니 비로소 몸과 마음을 옥죄고 있던 사슬이라도 벗어 던진 듯 의기양양하다 세신사 언니 말대로 20분 동안 착실하게 때를 불린다. 탕 속에서 뒹굴뒹굴 얼마만인가. 너무 좋아 발장구를 치며 혼자 웃는다.

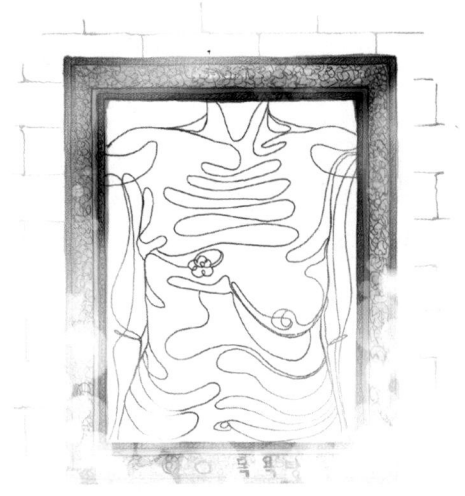

오래전 유방암 수술을 하고 처음 목욕탕에 갔던 때가 생각난다. 그때도 집에서 먼 곳으로 고르고 골라 사람들이 없는 시간을 찾고 찾아서 목욕탕을 갔다. 정말 다행으로 탕에는 아이 하나와 엄마뿐이라 수건으로 가슴을 가리고 탕으로 들어갔다.

아이에게 보이고 싶지 않아 몸을 등지고 가리고 앉았다 생각했는데 어느 결인지 아이의 눈에 가슴이 드러나고 말았다. 험한 꼴을 보여준 미안함으로 고개를 돌리려던 찰나, 아이는 나에게 손가락을 들어 자신의 배를 가리켰다. 조그만 수술자국이 눈에 들어왔다. 나도 아이처럼 수건을 치우고 아이에게 상처를 보여주었다. 아이가 조용히 고개를 끄덕여 주었다. 나는 아이가 건네주는 위로에 목구멍 가득 치밀어 오르는 눈물을 참지 못하고 고개를 숙였다.

그날 난 아이에게서 예수를 보았다. 그리고 험한 내 몸을 사람들에게 내어 놓아 드린다.

"수술한 지 한 30년 되었어요?"

"예, 얼추 그리 되었네요."

세신 언니가 내 왼쪽 팔을 닦으며 말한다.

"그때 수술하신 분들 팔이 다 이래. 요즘은 기술이 좋아 그런가 안 그런데. 에휴, 힘드시것다."

세신 언니의 손길이 조심스럽다.

오늘은 세신 언니가 보살이고 예수님이 되어 주신다.

오랜만에 세신을 하고 오늘을 축하하고픈 큰 마음에 보너스로 머리까지 감겨 달라고 한다. 5,000원을 더 쓰는 데 고민하는 시간은 3초. 행복은 좀 더 길다~.

#22 심연주에게 보내는 열다섯 번째 편지

내가 나를 살리는 날

~~~~~~~~~~~

연주에게.

우리 집 아저씨는 날 '김장군'으로 불러. 1996년에 시작된 유방암 치료가 두 번의 전이를 거쳐 현재까지 28년간 항암치료를 받고도 살아 있으니 '장군'이 당연하다는 거지.

이야기를 듣고 '호호' 웃을 때마다 돌아가신 아버지를 생각해. 하얀 얼굴에 고운 피부를 가진 키 작은 어머니를 생각하면 어림없는 일이지만, 개마고원을 누비며 사냥을 하셨다는 '아바이'의 딸을 생각하면 맞춤한 일이라 생각하는 거지. 에휴후~. 28년 암환자라니 자랑거리는 아닌데….

이번 전이는 정말 힘들었어. 지난 연말 검사를 받으며 '뼈로 전이가 의심 된다'에서 시작된 각종 검사의 행렬에서 시작된 두려움과 공포. 공연과 병행된 치료일정의 버거움. 항암치료제가 바뀌면서 오는 부작용으로 당뇨가 급상승하고, 세 번에 걸친 방사선으로 온 몸이 폭격을 맞은 듯….

앉아 있는 시간 보다 침대에 드러누워 구토를 반복하는 시간이 더 많아지며, 치료를 받는 두달 동안 먹지 못해 몸무게가 13kg이 빠졌어.

방사선의 부작용으로 온몸에 두드러기가 솟아 부풀어 오르고, 가렵고, 두렵고, 무섭고, 구토로 인해 먹지 못하는 날들이 계속되면서 우울은 덩달아 깊어져, 지친 마음에 포기가 앞서서 차라리 '죽으면 어떨까?' 생각한 적도 여러 차례였어.

Let it be!

방사선 치료 후 두 달째. 두드러기는 가라앉고, 피부는 새살이 돋는 듯 다시 밝아지고, 병이 지나가는 게 보여.

오늘 나는 햄버거를 먹으러 강남 진출. 물론 남기기는 했지만 그래도 햄버거를 먹어 준 몸에게 감사해. 그리고 나는 또 내일 먹을 점심을 검색해.

지금 나의 현실은 매일 매일 내가 먹었던 음식을 생각하고 도전하는 날들이야. 몸을 위해서. 먹을 수 없으면 살 수 없으니 구토를 누르고 활명수를 반찬 삼아 넘기고 있지. 하루 한 끼는 무조건 식사를 하리라는 각오로 투쟁해.

갑자기 눈물이 난다 연주야. 나를 살린 사랑에, 그 절절한 기도에 감사하는 눈물이지. 내가 아프지 말라고, 10년만 더 살라고, 제발 먹게 해 달라고, 눈물로 기도해 주시던 가족과 동료, 친우들….

얼마나 더 살지, 나는 모르지만 사는 동안만큼은 최선을 다해 주어진 삶에 충실하자고 결심해. 그것이 내가 할 수 있는 내가 보답할 수 있는 내 감사니까. 나를 위해 죽고 싶던 마음이, 너를 위해 살고 싶다는 마음으로 바뀌는 것을 보는 건 참으로 놀라워.

언제던가 버스 안에서 내 앞에서 쓰러지던 사람을 본 적이 있어. 얼른 일어나서 도움을 드려야 된다는 생각에 앞서 연극 병이 쏜살같이 달려 나와 관찰이랍시고 눈을 동그랗게 뜨고 있다가 주변인들에게 된통 야단맞은 일이 생각나.

연주야.

내가 쓰러졌어.

그런데 쓰러지는 나를 내가 보고 있더라.

이걸 뭐라고 해야 하나? '마음'이라고 해야 하나?

'어 내가 쓰러지네!'

더 놀랠 노 자는 몸과 마음의 다른 행동을 내가 또 보고 있다는 거야.

'몸이 쓰러지는데 마음은 아무것도 못하는 구나!' 하고 또 보고 있더라는 거지.
　언젠가 죽음을 일러 성철스님이 '김정숙이란 옷을 갈아 입는다!'고 하신 말씀이 생각나.
　내가 무엇을 알겠냐마는, 쓰러지는 몸을 바라보던 마음의 참담함은 잊히지 않고 생생해.
　그래서 열심히 먹으러 다녀. 나중에 새 옷을 어떻게 찾아 입는지는 모르지만, 지금 내가 할 일은 내 몸을 살리는 거니까.
　몸의 느낌에 귀를 기울이고, 몸에게 먼저 묻고 답을 들으려 노력해. 무엇을 먹는 게 좋은지 등등.
　난 죽을 지경에까지 충성을 다한 '김정숙'을 사랑해.
　착하고 좋은 여자야.
　그동안 몸을 잊고 살아서 미안할 뿐, 남하고 비교하고 구박하고 무시했던 내 횡포를 용서해 준다면 앞으로 더 많이 감사하면서 사랑하고 싶어.

　연주야.
　이 아픔은 나에게 참 좋은 공부야. 앞으로 나의 오만했던 태도들도 고치려 노력하겠지. 조금 더 사랑을 찾아 나누려 노력하겠지. 그러지 않으면 누가 욕하지 않아도 내가 무척 실망할 것 같아.
　휴우.^^

연주야.

나는 내일 오징어찌개를 먹으러 갈 거야. 김정숙 씨가 먹고 싶대!

#23 김정숙에게 보내는 여덟 번째 편지

사랑하는 대표님께

대표님! 오늘도 안녕하신지요. 대표님의 안녕과 무사가 요즘처럼 궁금한 적이 있었나 싶습니다. 무탈하다는 것, 사실 그것만으로도 충분하건만 인간은 스스로를 괴롭히는 타고난 재능이 있어서 늘 불만족거리를 찾아다니며 삶을 복잡하게 만드는 것 같습니다.

대표님께 마지막 편지를 전하고는 도대체 얼마 만에 펜을 드는지 모르겠습니다. 몇 줄 끼적댄 적 한두 번이 아니었건만 결국 끝은 못 내고 세월만 흘려보냈습니다.

식사하시는 건 이전보다 나아지셨는지, 오징어찌개 드시기 목표는 달성하셨는지. 한없이 약해진 육체를 회복시키려고 총력을 다하고 계실 대표님. 누구도 대신할 수 없고, 말로는 형용할 수도 없는 그 외롭고 고통스러운 과정을 기꺼이 감당하시는 대표님….

대표님은 요즘의 삶을 통해 어떤 메시지를 얻고 계실까 궁금해하다가 멋모르는 이의 사치스러운 질문 같다는 생각에 잠시 부끄러웠습니다.

"난 죽을 지경에까지 충성을 다한 '김정숙'을 사랑해.
착하고 좋은 여자야.
그리고 몸을 잊고 살아서 미안할 뿐.
남하고 비교하고 구박하고 무시했던 내 횡포를 용서해준다면 앞으로 더 감사하며 사랑하고 싶어."

이 부분을 읽다가 혼자서 꺼이꺼이….
세상 모든 여자들이 공감할 대목입니다.
길지 않은 문장 안에 중요한 '세 단어'가 놓여 있습니다.
감사, 용서, 사랑….
지겹도록 보고 들었건만 그것의 진짜 의미를 깨닫는 것이 여간 어려운 일이 아니어서 아직도 우리에게 살아갈 인생이 남아 있는지 모르겠습니다. 어쩌면 인생이란 저 '세 단어'를 깨닫고 익히고 실천하기 위한 과정이 아닐까 생각해봅니다.

감사와 용서와 사랑을 배우기 위해서는 그와 반대되는 단어들도 배워야 합니다. 악이 존재함에 선이 드러나고, 오직 어둠 속에서 빛이 발현되듯, 온갖 곤욕스러운 감정과 괴로운 사건들도 인간이 마땅히 감당해야 할 '십자가들'입니다.

시인 윤동주는 그의 시 〈십자가〉에서 예수를 이렇게 표현하였습니다.

'괴로웠던 사나이 행복한 예수'

저는 저 문장에 '윤동주'의 이름을 대입해 보았습니다.
'괴로웠던 동주 행복한 동주'

제 이름도 대입해 보았습니다.
'괴로웠던 연주 행복한 연주'

대표님의 이름도 대입해 볼게요.
'괴로웠던 정숙 행복한 정숙'

쉽고 단순한 문장이지만 모든 걸 말해주는 문장입니다. 처참한 불행이 찬란한 부활로 이어지는 십자가의 역설. 괴로움 속에서 행복의 의미를 알게 되는 인간 삶의 아이러니.

한동안 뛰다가 요즘엔 다시 걷습니다.

뛰는 건 특정한 장소에서만 가능한 것이라 곡 쓰기의 마감일자가 임박해진 어느 날부터 걷기로 대체한 것이죠. 이젠 작업도 끝나서 다시 뛰어도 되건만 마음이 내키지 않아 그냥 빠르게 걷는 것으로 만족하고 있습니다.

어느 순간부터 무언가를 강박적으로 하는 것이 싫어졌습니다. 강박적 행위는 결과와 목표달성에 초점이 맞춰져 있거든요. 때문에 '순간'을 온전히 만끽하는 게 불가능합니다.

전 과거를 잘 기억하지 못하는 편인데, 기억력의 문제이기도 하겠지만, 곰곰이 성찰해 보면 매 순간 '현존'하지 못했기 때문이라 생각됩니다. 목표 지향적인 삶을 자랑스럽게 여겼고 늘 지금, 여기, 이것보다 '더 나은 나' '더 나은 작품' '더 나은 삶'을 꿈꿨습니다. 꿈과 노력은 좋은 것이지요. 그러나 좋은 것에도 독은 있기 마련입니다.

젊은 날의 과오를 반성한답시고 과거를 곱씹고, 미래의 불안을 희석시키기 위해 끊임없이 뭔가를 계획하느라 '지금 이 순간'을 헌납하는 어리석은 행동은 이제 그만하고 싶습니다.

'더 나은'이라는 상태는 어쩌면 허상에 불과할지도 모릅니다. 얼마만큼 더 나아져야 만족할 수 있을까요? 만족할 수 없는 병, 그건 큰 병입니다. 불행 중에 큰 불행이구요.

타협은 비겁한 것이라 여겼는데 어쩌면 용기 있는 행동일지도 모르겠습니다. 자신의 한계를 인정한다는 뜻이니까요.

최근 제 삶의 모토는 '안 하는 것보다 낫다'입니다.

이 문장은 되뇔 때마다 마음이 스르륵 편해집니다. 저는 '게으른 완벽주의자'였습니다. 제대로 하지 않을 바에는 시작도 말자는 주의였죠. 그 잘못된 신념은 제 삶을 메마르게 만드는 주범이었습니다.

어차피 한 번 살고 떠나갈 인생, 이것저것 가볍게 시도하고 그만두어도 문제 될 것 하나 없는데 뭔가를 시작도 하기 전에 벌써 마음은 천근만근…. 잘해야 하니까, 제대로 해야 하니까, 중간에 포기하는 건 낙오자 같으니까….

저를 다시 정의하고 싶습니다. '부지런한 대충주의자.' 저는 생각이 서야 움직이는 편인데 요즘은 몸부터 먼저 움직입니다. 뭣이라도 그냥 '해 내는 것'에 만족합니다. 집안 전체를 청소할 수 없는 날에는 거실만 합니다. 거실도 버거우면 세수할 적에 세면대라도 쓱쓱 문질러 닦습니다. 아무것도 안 하는 것보다는 그게 훨씬 나으니까요.

컨디션이 좋지 않은 날에는 운동도 피아노 연습도 대충합니다. 대충 걷고 대충 손가락만 돌리고. 대충하는 것도 꾸준히 하면 힘이 붙고 기술이 생깁니다. 생활의 달인들 기술력 아시죠? 그러다 충분한 기력과 의욕이 올라오는 운수 좋은 날, 총력을 기울여 점평해 보는 겁니다.

물론 '곡 쓰기'는 조금 달라요. '마리나 반 주일렌'이라는 작가가 그의 책 『평범하여 찬란한 삶을 향한 찬사』에서 '카프카에게 있어 글쓰기'란 어떤 것인지 자신의 주관적 정의를 내려 놓았습니다; "그가 쓰고, 또 쓰고, 찢어 버리고, 다시 쓰고, 다시 상상하기를 멈출 수 없었던 이유는 그에게 글쓰기가 실패의 두려움과는 상관없는 실존의 문제였기 때문이다."

저에게 있어서 '곡 쓰기'도 마찬가지입니다. 실패의 두려움과 상관없는 실존의 문제입니다.

대표님…

이번 달에 중곡동 극단 연습실을 정리합니다.

'극단 벼랑끝날다'의 주요 레퍼토리 대부분이 그곳에서 탄생되었다고 해도 과언이 아니죠. 2주간의 걸쳐 버릴 것, 창고로 들어갈 것을 분류한 후 전문 인력을 불러 철거작업에 들어갑니다.

왜 그런 거 있잖아요. 온몸이 썩는 것을 막기 위해 다리를 잘라야 한다는 의사의 통고를 듣고는 이성적으로는 다 이해되고 마음의 준비도 끝났는데, 막상 수술 날짜가 다가오니 겁도 나고 허무해지기도 하고, 밀려오는 슬픔 때문에 가슴 한쪽이 저릿저릿해지는 기분.

만감이 교차하는 나날들입니다. 그렇지만 옳은 결정이라고 생각합니다. 누구도 책임져 주지 않는 인생입니다.

남편과 제 두 어깨를 짓눌렀던 무거운 돌덩어리들을 하나씩 내려놓는 작업을 해야 합니다. '어떻게든 되겠지'를 관성적으로 타령하며 대책 없이 세월만 흘러보내다가 정말 후회할 날이 올지도 모르니까요. 멀리 가기 위해서는 꼭 필요한 짐만 등에 매는 것이 맞습니다.

극단은 이제 잠시 쉬는 시간을 맞습니다. 16년이라는 짧지 않은 시간을 타고 쉴 새 없이 달려왔습니다. 땀, 욕망, 사랑, 희열, 승화, 절망, 기대, 분노, 헌신, 실망, 분열, 화합 등 인간 세상에서 파생되어 드라마처럼 꿈틀거리는 단어들을 싣고···.

어디를 향해 그리고 무엇을 위해 그리도 열심히 달렸을까요? 그것을 가능케 한 동기와 열망은 타당한 것이었을까요? 아니면 다 부질 없는 것이었을까요?

열차는 잠시 멈추었습니다. 저도 열차에서 내렸습니다. 생각보다 덤덤하게···. 열차의 뒷모습을 바라봅니다. 그리고 천천히 주위를 둘러봅니다. 어리둥절하기도 막막하기도 합니다. 그러나 거부감은 없습니다. 자연스럽게 순응하게 됩니다. 그럴 때가 된 것이지요.

바닥을 딛고 서 있는 작고 겸손한 제 두 발을 느낍니다. 이제 정말 제 힘으로 걸어 나가야 합니다. 뚜벅 뚜벅 한 걸음 두 걸음. 두렵지만 묘한 설렘도 느껴집니다.

어디서 읽은 것인지 기억나지 않지만 갑자기 뇌리를 스치는 한 문장이 있습니다; '인생의 반은 세우는 데 쓰이고 그 나머지 반은 무너뜨리는 데 쓰인다.'

피나는 노력으로 견고하게 쌓았던 '업적의 성'을 무너뜨릴 때가 왔습니다. 무너지는 것이 아니라 무너뜨리는 것입니다. 의지적인 행동인 것이죠.

다시 허허벌판이 된 '생'을 상상해 봅니다.

꽃이 피고 나무가 자라고, 새가 날고, 바람이 일고,

사랑하는 이들 오갈 수 있는 새 길이 나고….

작년 하반기부터 올해 초까지 약 8개월 동안 윤동주 시에 곡 붙이는 작업을 했습니다. 물론 대표님이 누구보다도 더 잘 알고 계시지요. 늦여름에 출발하여 가을, 겨울을 지나 올해 초봄에 이르러 모든 곡이 완성되었으니, 이번에 태어난 작품들은 마치 인간의 자식처럼 사계절을 다 경험하고 세상에 나온 겁니다.

콘서트에 못 오신 것도 아쉬웠지만 무엇보다 아쉬웠던 건 창작 과정에서 느꼈던 다양하고 가치 있는 감정들을 편지를 통해 공유하지 못했다는 사실입니다.

인생이 그런가 봐요. 불나면 불끄기 바쁘고, 물 들어오면 물푸기 바쁘고…. 생존이 최우선이고 나머지는 다 뒷전입니다. 겨우 한숨 돌리고 나서야 놓치고 온 부분들이 떠올라 아쉬울 뿐입니다.

그래서 예술을 하는지도 모르겠습니다. 예술가란 결국, 삶의 파편들을 포착하여 미학적으로 해석하여 기록하는 자들이니까.

기록하는 이유는 간단합니다. 공유하고 싶어서. 공감 받고 싶어서. 위로하고 싶어서. 위로 받고 싶어서….

자족으로 끝날 작품을 만들고 싶은 예술가가 몇이나 될까요? 작품을 통한 '타인과의 연결.' 요즘 제 예술 여정의 화두입니다.

마지막으로, 보내지 못한 편지의 아쉬움을 콘서트 프로그램에 실렸던 '작곡가의 글'로 대신합니다.

제가 '아' 하면 '에 이 오 우'까지 헤아려주시는 대표님. 항상 그곳에 계셔주셔서 감사합니다.

내일은 중보기도회가 있습니다. 대표님의 완치를 위해 온 마음을 다해 기도할게요. 대표님은 그저 잘 드시기만 하면 됩니다.

사랑합니다.

〈작곡가의 글〉

작년 늦여름부터 불과 며칠 전까지 시인의 시로 호흡하며 살았다고 해도 과언이 아닙니다.

아침에 눈을 뜨는 순간부터, 산책하는 내내, 밥을 먹고 치우는 사이사이, 쓸 때, 쓰지 않을 때, 기쁠 때, 별로 기쁘지 않을 때, 무척이나 충만할 때, 무진장 허무할 때 등 말로는 다 나열할 수 없는, 수많은 '때'마다 시인의 시 구절들이 귓가를 둥둥 떠다녔습니다. 시는 눈으로 읽는 것인데 저에겐 소리로 들리니 곡 쓰는 사람이 맞는가 봅니다.

8개월이라는 짧지 않은 기간 동안 한 곡 한 곡 써 내려가며 고통스러운 순간들이 없었다면 거짓말이겠지요. 하지만 그때마다 떠오르는 시인의 시 한 구절이 제 가슴을 치곤 했습니다.

인생은 살기 어렵다는데
시가 이렇게 쉽게 쓰여지는 것은
부끄러운 일이다.

사는 것도 어렵고, 쓰는 것도 어렵습니다. 그러나 그렇지 않은 것이 더 부끄러운 일이라 하니 어려운 인생이, 어려운 예술이 그나마 참을 만해집니다.

곡을 쓰기 전에 시에 관한 어떤 정보나 배경도 따로 공부하거나 조사하지 않았습니다. 시는 시인의 전신입니다. 시를 잘 들여다보면 시인의 마음이 보이고 시인의 생애가 느껴집니다. 시인이 보는 세상을 최대한 선입견 없이 바라보고 그것을 음악으로 그려내는 작업이 제가 할 일이었습니다.

시인이 남겨 놓은 고결하고 아름다운 글자들을 수백 번, 수천 번을 읽으며 제가 내린 나름의 결론은 이렇습니다; '시인의 최후는 비극이었지만 그의 삶 전체가 비극은 아니다.'

그는 참으로 인간적이고 충만한 삶을 살았습니다. 하나님이 인간을 창조한 이유를 삶으로 살아낸 존재입니다. 자연과 사람과 예술을 사랑하고 조국을 진심으로 걱정하고 위하는 사람이었습니다. 신 앞에서 늘 겸손하였고 무엇보다 자신의 내면에 '세상에서 가장 깨끗한 거울'을 품고 살았습니다. 그 거울을 통해 자신을 들여다보며 써 내려간 연약하면서도 담대한 고백들이 그의 대표작이 되었습니다.

'시인의 시'는 저의 거울이 되었습니다. 바라볼 때마다 낯이 뜨거울 정도로 부끄럽지요.

밉지만 가여운 존재.

그리워 다시 돌아가고픈 존재.

결국엔 끌어안아야 할 존재.

"너는 나에게 작은 손을 내밀어

눈물과 위안으로 삼는 최초의 악수."

〈조개껍질〉
윤동주 시
심연주 곡
가수 바다 노래

슬펐습니다. 시인의 가슴 속에 품고 있었을 수많은 '다른 시'를 잃어버린 것.

그러나 다행입니다. 그의 시가 이만큼이라도 세상에 남아있다는 것.

바쁜 일상을 뒤로 미루고 어려운 발걸음 해주신 관객 여러분께 진심으로 감사의 말씀 드립니다. '음악으로 채색된 시인의 시'를 귀로 음미하며 작은 위로, 큰 위로 받으시길 소원합니다.

작곡가 심연주

#24 심연주에게 보내는 열여섯 번째 편지

말은 줄이고 마음을 묻는다

연주야.

그간 편지를 주고받으면서 일상다반사를 편지 쓰듯이 중얼거리는 새로운 버릇이 생겼네. 원래도 혼잣말 잘하는 사람이었는데.^^ 그런데 편지 쓰듯이 이야기하면서도 은연중에 '말'들을 고르고 있는 걸 보게 되었어. 연주는 지혜로워서 언제나 내 마음을 잘 알아주지만 '그래도'라는 내 마음이 옐로카드를 꺼내들어 잠시 멈출 때는, 나의 이야기지만 우리 이야기가 되지 못하면 곤란하다고 생각하는 게 첫 번째고, 두 번째는 이야기의 뿌리가 노파심이나 풀어 보자거나, 자기자랑에 닿아 있으면 여지없이 글을 지우게 되는 것 같아. 그나마 편지라서 정말 다행이야.

오늘은 지원금의 심사를 다녀왔어. 그간 심사를 수회 진행하면서 다소간의 차이는 있지만 대체로 지원자들 생각을 경청하리라던 맹세보다 훈수를 두고 싶어 하는 못된 버릇이 튀어나와서 긴장하게 된다.

무식하면 용감하다고, 정 통제가 안 된다고 느낄 땐 입을 붙잡고 있기도 해. 왜냐하면 내가 떠드는 말들이 상대에게 도움이 안 된다는 걸 알기 때문이야. 서로가 나이도 다르고, 경험도 다르고, 더욱이 나는 심사위원에 상대는 지원자라 마주 보고 있어도 하늘땅만큼 멀고멀어서 결국은 어쭙잖은 훈수가 후회로 남아 부끄러워했던 실수가 너무 많았거든. 그래서 나는 요새 '설득'하려 애쓰기보다는 '질문을 잘하는 사람이 되어야겠다'고 생각하고 노력중이야. '라떼'라는 공감대를 바탕으로 한 경험을 질문으로 바꾸면 적어도 후회를 줄여 볼 수는 있을 것 같아.

심사를 마치고 돌아서 오는 길에 곰곰 생각해. 정녕 상대를 위한 말이었다고 착각을 해도 더 좋은 방법은 없었을까? 이렇게 저렇게 복기를 하노라면 그토록 훈수를 주고 싶던 상대가 어느새 나의 스승이 되어 미소 짓고 있는 걸 보고 혼자 기뻐 절을 한다.

덕분에 배우니 고맙습니다~.

언제나 좋은 것만 주고 싶은 연주야
손꾸락 아픈 거 얼릉 나아라~~~~~.

#25 김정숙에게 보내는 아홉 번째 편지

다친 손가락, 그래도 피아노…

사랑하는 대표님께.

대표님! 그동안도 별 탈 없이 잘 지내셨죠?
저 또한 사고 이후 오늘 처음으로 제 일상을 되찾은 기분입니다.
소식 듣고 많이 놀라셨죠? 저도 남편도 많이 놀랐었습니다.

'촉'이라는 게 있죠? 오래된 수납장에서 '문제'의 칼을 꺼낼 때 잠시 스치는 생각이 있었습니다. '잘 드는 칼 같은데 혹시 다치는 건 아니겠지?' 평소에도 물건에 별 관심이 없는 저인데 뜬금없이 그 새 칼은 왜 꺼냈는지 모르겠습니다. 벌어질 일은 어떻게든 벌어지는 것일까요?

왼손 검지 끄트머리에서 떨어져 나간 자그마한 살덩이를 발견하고는 황망했습니다. '난 피아노 치는 사람인데….' 무척 아팠고 피가 솟구치듯 나서 겁도 났습니다.

물론 지금은 괜찮습니다. '의료파업' 이슈로 인해 인근 큰 병원 응급실에서 치료를 거절당해 잠시 당황하기도 했지만, 불행 중 다행으로 24시간 응급수술이 가능한 '외상치료전문병원'을 찾게 되어 나름 최선의 조치를 취할 수 있었습니다.

간단한 봉합 수술이면 끝날 줄 알았는데, 이식 수술을 해야 하고 입원도 해야 한다니, 아침에 8킬로미터를 너끈히 뛴 건강한 여자가 저녁에 갑자기 초췌한 환자가 돼버렸습니다. 인생의 얄궂음을 그 누가 예측할 수 있을까요?

운 좋게도 좋은 의사 선생님을 만난 덕에 수술은 잘 끝났고 지금은 퇴원하여 회복 중입니다. 아직 안심할 단계는 아니고 이식된 피부의 신경이 어느 정도 살아나야 새 살이 돋는 게 가능하다고 해요. 그게 안 되면 재수술.

생각보다 간단치는 않은 상황입니다. 그래도 전 희망적입니다. 더 크게 다치지 않아 감사하고, 어떤 상황에서도 마음의 힘만 잃지 않는다면 개선의 길은 늘 열려 있으니까요.

근 열흘 만에 안양천으로 산책을 나갔습니다. 평범한 일상이 다시 시작되었다는 증거지요. 일상이 멈추는 순간이 오면 덜컥 겁이 납니다. 에덴의 동쪽인 '놋' 땅으로 추방된 성경 속 인물 가인처럼 세상과 유리된 고독한 이방인이 된 기분이랄까요.

며칠 동안 세차게 내린 비 때문에 안양천이 범람했던 모양입니다. 인도와 자전거 도로까지 진흙 범벅이고 꽃들과 풀들도 흙 속에 파묻혀 맥없이 누워 있습니다. 자연도 한바탕 곤욕을 치렀나 봅니다. 외관상으로는 지저분하지만 궁극적으로 느껴지는 것은 '정화'의 기운입니다. 마치 '범람'이라는 자연적 사건이 생태계를 잠시 위협해서 해롭고 불필요한 것들을 다 쓸어간 것처럼.

인생도 크고 작은 위기의 연속입니다. '위기를 대처하는 태도가 곧 그 사람의 인격'이라는 문구를 어디선가 본 적이 있습니다. 크나큰 불행과 절망 앞에서 인간의 바닥이 드러난다는 뜻일 테지요. '위기'는 삶에 혼란을 일으키고 때때로 엄청난 파괴력을 발휘하여 인간을 괴롭힙니다. 그럼에도 불구하고 참으로 아이러니 한 건, 절체절명의 위기의 순간들이 삶을 뒤흔들 때 인간 정신에 덕지덕지 붙어 있던 온갖 사념과 흉한 욕망들이 그제야 떨어져 나간다는 사실입니다.

진짜 필요한 것을 구하게 되고, 진정 중요한 것을 알게 됩니다. 쓸데없는 기름기가 쏙 빠진 '인생의 본질'과 마주하게 되는 것이죠. 성찰의 순간입니다. 삶을 돌아보고 자신도 돌아보면서 차분한 호흡으로 눈앞에 역경들을 헤쳐가다 보면 어느새 불행은 작아지고 자신은 커져 있습니다. 전보다 몰라보게 성숙한 인간으로 변모하는 것, 세상에서 가장 아름다운 '변화'입니다.

가을, 겨울 연이어 발매될 음반 막바지 작업에 열을 올리고 있었고, 5월부터 시작한 피아노 레슨에 재미가 붙어 '악기 연습'에도 열심이었습니다.

피아노 레슨을 다시 받아볼까 고민한지는 꽤 오래되었습니다. 혼자서 하는 연습으로는 '실력 유지'는 가능할지는 몰라도 '실력 향상'은 어렵겠다는 생각이 들었거든요. 무엇보다 잘못된 연습을 반복하는 건 '득'이 아니라 '독'이 됩니다. 저를 올바르게 비춰줄 객관적인 거울이 필요한 시점이었습니다. 평소 '테크닉'에 관한 질문을 할 때마다 좋은 답을 주었던 동료 피아니스트에게 어느 날 대뜸 전화를 걸어 물었습니다. "○○야! 나 레슨 좀 해줄 수 있겠니?"

40대 중반이 되어 초등학교 때 익혔던 체르니 30번 교재를 다시 펴니 기분이 묘했습니다. 이 나이에 잘하는 짓인가 싶기도 하고 한편으로는 설레기도 하고…. 아직도 배울 게 많다는 것은 부정적으로 보면 한숨 나는 일이지만 반대로 생각하면 신나고 가슴 떨리는 일이거든요.

거시적으로 보면 짧은 인생이지만 미시적으로 보면 긴 세월입니다. 평생을 걸쳐 공부한다고 생각하면 뭘 하든 조급할 게 없습니다. 인생 후반에 성취할 무언가를 남겨놓는 것, 무병장수 시대를 살아가는 현대인에게 꼭 필요한 지혜일지 모릅니다.

새로운 연주 기술을 연마하는 것이 이번 레슨의 최종 목표이긴 하지만 그 전에 반드시 선행되어야 할 것이 있습니다. 다름 아닌 '나쁜 버릇 없애기'입니다.

오랜 세월 동안 굳어진 습관은 고치기가 어렵습니다. 좋은 습관은 굳이 고칠 필요가 없죠. 고쳐야 하는 습관은 대개 나쁜 습관들입니다. 레슨 받는 것을 오랫동안 망설였던 이유도 사실 여기에 있습니다. 아무리 연습을 해 봐도 도무지 해결되지 않는 부분들이 있었습니다. 연습 방법에 무언가 문제가 있다는 것을 확신했지만 문제를 직면하는 게 두려웠습니다. 발견되면 고쳐야 하는데 그게 여간 어려운 일이 아니거든요. 뼈를 깎는 고통 정도는 아니겠지만 엄청난 노력이 수반되어야 하는 것은 맞습니다. 매 순간 집중하여 잘못된 습관이 작동되는 때를 알아차려야 하고, 올바른 테크닉이 체화될 때까지 계속 반복 연습을 해야 합니다. 그러려면 물리적인 시간도 보장되어야 하는데 '가끔' '드문드문'은 안 됩니다. 30분을 하더라도 매일 해야 발전이 있습니다. 벼락치기로는 해낼 수 없는 과업이죠. 솔직히 '도' 닦는 작업과 별반 다를 게 없습니다. 거기다가 발전 속도는 또 엄청 더딥니다. 잘못된 무의식을 의식으로 끌어내어 수술 작업 후 다시 무의식에 심는 과정을 수도 없이 반복해야 하거든요. 어렵지요.

그러나 전 그 어려운 길을 가보리라 맘먹었습니다. 당장은 괴로워도 5년 혹은 10년 후의 발전된 제 모습을 떠올리면 없던 용기가 납니다. 살아온 세월을 생각하면 더 이상의 모험은 불가능할 것 같은데 살아갈 세월을 생각하면 뭘 시작해도 늦지 않겠다 싶습니다.

지루한 시간을 잘 견뎌내어 올바른 습관이 자리 잡으면 테크닉은 눈에 띄게 발전합니다. 거기서 오는 기쁨과 충만감이 얼마나 클지 잘 압니다. 수십 채의 건물을 소유하고 있는 백만장자가 부럽지 않을 정도? 과장이 조금 심했나요?^^

나태한 인간이 되어 '쉬운 길'만 가라고 부추기는 우주의 '어두운 기운'이 저의 당찬 각오를 시샘했던 걸까요? 손가락을 이렇게나 크게 다치리라고는 꿈에도 상상하지 못했습니다.

이번 사건을 통해 무엇을 배울 수 있을지 아직은 잘 모르겠습니다. 대처하기 정신없었고 이제 겨우 일상으로 복귀했으니까요. 치료 과정 중에 몇몇 고비와 낙담하는 순간들이 없진 않겠지만, 몸은 반드시 치유된다는 사실을 믿고 회복의 과정을 염려와 비관으로 낭비하고 싶지 않아요. 느리지만 더 꽉 차고 의미 있게 보내고 싶어요.

"Learn to Make a Conscious Choice to Respond, Not React." 영성가들 사이에서 통용되는 유명한 문구입니다. '기분 내키는 대로

(무의식적으로) 반응하지 말고 의식적인 선택을 바탕으로 대처하는 법을 배우라.' 정도로 해석이 가능할 것 같네요. 위기의 순간을 직면할 때마다 위 문장을 적용해서 실천해 보면 큰 인생 공부가 됩니다.

피아노 연습은 당분간 불가능합니다. 그러나 곡은 쓸 수 있습니다. 아홉 손가락으로 쓴 곡, 의미 있고 남다를 것 같습니다.

저는 포기하지 않을 겁니다. 음악을 너무 사랑해서 그런 게 아닙니다. 평생 사랑할 가치가 있는 것이 저에게는 '음악'이기 때문입니다.

몇년 전 이보다 더 혹독한 나날들을 지나갈 때 스스로를 위로하고자 쓴 곡이 있습니다. 마지막으로 그 곡의 노랫말을 띄워 봅니다. 언젠가 우리의 보물 탄생을 축하하는 자리에서 꼭 연주하고 싶습니다.

대표님, 오늘도 내일도 건강하세요.

사랑합니다!

〈그래도 음악은〉

말할 수 없는 슬픔

헤아릴 수 없이 깊은

나만 아는 아픔
지워버리고 싶은

태양이 어둠보다 더 두려워서
눈 뜨면 그냥 밤이었으면

피할 수 없는 오늘
달아나도 내일

자꾸 멀어지는 기쁨
그냥 떨어지는 눈물

괜찮아 괜찮을 거야 떠도는 말들이
그저 말뿐이라고 느껴질 때

그래도 음악은
나를 위로하네

나 대신 아파하고 나 대신 슬퍼하며
나를 멜로디에 싣고 하염없이 흐르네

그리고 음악은

내가 되네

나처럼 아파하고 나처럼 슬퍼하는

그대를 위해 노래하리

그래서 음악은

내 삶의 의미 나의 전부

나는 음악이라네

말할 수 없이 기쁜

헤아릴 수 없이 깊은

내가 아는 전부

나는 음악이라네

- 당신의 영혼의 친구, 연주가

#26 심연주에게 보내는 열일곱 번째 편지

오늘도 그 집엔 달이 뜬다

우리 집 이야기

엄마는 말했어. 영등포 방적공장에서 조장으로 끗발 좋던 울 엄마가 날 낳고 싶어서 삼팔따라지 아버지와 결혼했다고.

마포구 신공덕동 130의 103호.

지금은 래미안 아파트가 들어선 이곳은 엄마가 마지막으로 사시던 우리 집이야. 훗날 나도 모르는 사람들이 '마포 달동네'라 일러서 의아했어.

누군가의 꿈이 우리 집을 싹 밀어 버리고 아파트를 올리는 거라고 생각하면, 한 숨이 절로 나오네.

나의 20대, 온 가족이 함께 살던 그때, 늦은 밤 대학로에서 공연이 끝나고 3번 버스를 타고 집으로 가는 길이 눈에 그려져.

마포 한흥시장 앞에서 내려서 파출소가 있는 길을 건너고, 방석집이 연이어 있는 골목에 들어서면, 신나게 울리던 젓가락 장단에 노랫소리가 나는 왜 그리 정답던지…. 나도 모르게 노래를 따라 부르면 가게 안에서 화답하듯 와자하게 웃는 소리가 들리고, 나는 누가 잡으러 오는 것도 아닌데 몰래 숨어 웃던 골목길….

두어 걸음 더 가면 드물게 보는 넝쿨장미가 벽을 타고 오르던 이층여관집이 나와. 우리 동네에 유명작가가 두어 달 째 장기투숙을 하며 소설을 쓴다는 여관의 창문을 기웃거리던 기억은 작가의 부인이 쳐들어와 동거하던 여자 분의 머리채를 잡고 흔들며 끝이 났지만, 우리 동네의 자랑 아닌 웃음거리 아닌 이야기로 남았지.

미용실 쌀집 약국이 있는 삼거리 지나 구멍가게 골목길은 내가 참 좋아하는 길이야. 눈높이에 맞는 창문들 너머에 펼쳐지는 이야기는 지금 생각해도 참 다정해서 너무 그립다.

특별하지도 않은 이야기가 가르쳐주는 인생은 너무도 평범해서 '당근'에도 찾아 볼 수 없는 이야기지만, 내가 생각하기에 사람 사는 제일 으뜸 풍경이었다고 여겨지는 거지.

4.19에 태어나 이름이 '일구'였던 내 초등학교 동창이 대학에 떨어져 집에 못 들어가고 서성이던 전봇대, 아랫집 영철이가 사고쳐서 나은 딸아이가 세 살도 못 살고 죽어 나간 길, 벽 하나를 사이에 둔 이웃들의 눈물 떨어지는 소리에 한 숨 쉬던 기억은 '층간소

음'으로 전락해 버렸다.

그 집에서 아버지가 돌아가시고, 아버지 없이 5년을 못 넘기고 돌아가신 어머니를 아버지와 합장묘에 모시면서, 후일 통일이 되면 아버지가 소원하시던 고향 북청에 이장하는 날에 어머니도 함께 모셔야 할지 나는 아직도 모르겠어.

울 엄마 고향은 평택 어연리인데 아버지를 따라 가실까? 아니면 아버지가 어머니 고향이 되셨을까? 부부의 정이 금슬만 있는 게 아니니까….

열두 살에 이사 가서 서른네 살 때까지 살던 집은 래미안 딱지가 되고, 이후 동생 장가 밑천이랑 연극 밑천이 되어 주었지. 언젠가 연극이 망해서 집도 없어서 남양주에 있는 절로 더부살이 들어가던 날 깜깜한 밤에 빈 절에 홀로 앉아 엄마를 부르며 딸이 '그지가 되었다'고, '미안하다'고 통곡했지.

가끔 생각해. 죽어 저승 갈 때, 엄마한테 '이자 붙여서 돌려 드리고 싶은 유산은 뭘까?' 하고….

지금 내 나이 64세. 우리 엄마 그 나이에 나는 28살인데, 엄마는 시집도 못 간 노처녀로 연극하는 딸이 얼마나 걱정되었을까?

내 나이 서른네 살에 돌아가신 어머니를 생각하며 나도 엄마처럼 아직도 6년은 더 살겠다고, 턱없는 믿음을 그리지. 웃기는 김정숙이야.^^

그래 연주야.

공덕오거리 용마로 고갯길. 도화동 옆 마포 우리 집.

그 집엔 오늘도 달이 뜬다.

난 참 주책이야.

편지만 쓰면 눈물이 난다.

에딘버러에서 쓰는 신공덕동 130-103호 이야기라니.

7월의 마지막 날. 오늘은 강아지똥 공연이 에딘버러 베들렘 극장에서 첫 공연이 있는 날이야

뻔뻔하지 않은 기도로 시작한다.

#27 심연주에게 보내는 열여덟 번째 편지

꿈을 손에 꼭 쥔 여자, 에딘버러를 걷다

∼∼∼∼∼∼∼∼∼

연주야

문득 묻는다.
'통장 잔고가 얼마니?'
나는 잔고가 없어. 아마 난 돈이 있어도 없는 것처럼 사는 사람인 탓도 있겠지만, 주로 내가 하는 것들은 돈으로 살 수 없는 것이라 더욱 잔고에 무심하게 살아온 듯 해.

작품 하나 기획 제작에 드는 시간이 돈 말고도 보통 2년에서 3년의 시간이 필요로 하고, 각자의 생각들을 작품이라는 하나의 꿈으로 녹여내는 열정이 또 돈보다 앞서다 보니 내게 있어서 돈이라는 예산은 최종 디자인이 되는 거지.

이번 2024년 에딘버러 강아지똥 공연도 그랬어. 해외 공연을 준비하며 '강아지똥'이란 작품명이 혐오스러우리란 노파심에 '댄더라이언 스토리'로 타이틀을 바꾸어 공연한 것이 마음에 걸렸던 터라 이것을 바로 잡아야겠다 계획을 세운 것이 2023 작년 여름이고, 가을에는 함께할 파트너 인선이 끝났어. 그와 동시에 '돈'도 결정됐어.

우선 1인당 비행기(평균 180만원)와 숙박비(에어비앤비로 단체숙소를 잡는다 해도 1인 1일 10만원) 현지 교통비(일주일 버스이용권이 22파운드 3주니까 66파운드)와 식대(1일 1인 15파운드에×20)으로 뭐 저절로 예산이 정해지고 홍보비라 이르는 인쇄비, 홍보용 아이디어를 빛낼 기똥찬 아이템 제작비에 현지에서 수하물 운송비 등등이 절로 따라와서, 2024년 2월에 정하는 극장과 일정에 따라 대관료까지 정해지면 대략 2024 아하 강아지똥의 20일 프린지 참가 총액이 1인당 450만원, 14명의 이런저런 진행 경비가 합쳐져 약 6,500만원이 소요되는 사업이 되는 거지.

하지만 연주가 알다시피 김대표의 통장은 비어 있어서 "'왜' 꼭 가야 하냐?"고 발목을 잡는 질문이 줄을 서지. 난 왜 이 꿈을 시작했고, 어떻게 동료들을 설득했나?

내 이야기만 하자면, 나는 몰랐어. 에딘버러에서 우연히 만난 권 선생님의 지인이 들려 준 이야기가 바로 '강아지똥이 세계 어린이들에게 전해지는 것이 선생님의 꿈이었노라'는 말씀에 놀랄

수밖에….

나는 내가 비겁했던 순간을 바로잡아 '강아지똥'과 '권정생 선생님'을 제대로 알려야 한다는 속죄의 마음과 함께 60년 전에 쓰인 이 동화가 지금 더욱 절실하게 어린이들에게 필요하다는 위기의식과 함께 에딘버러라는 특별한 봉우리에서 나를 보고 싶었던 거야. 내가 어디만큼 가고 있는지, 이 길이 맞는 길인지…. 대학로에서 멀리 떨어진 곳에서 나는 누구인지 보고 싶었던 거야.

참말로 하늘에 대고 물어 볼 수도 없고, 어쨌든지 간에 우리는 '강아지똥'과 '권정생'의 깃발 아래 똘똘 뭉쳐서 에딘버러를 제대로 달렸지. 아니, 나는 하나의 꿈이 되어 힘차게 달음박질치는 그들을 바라보았어.

괜히 넘어져서 민폐가 될까 두려운 것도 있었지만, 내 마음이 달려 간 곳에서 나를 기다린 것은 바로 나였어. 이방의 낯선 창에서 나를 바라보는 것도, 포토벨리의 바다 너머에서 나를 향해 달려오는 구름도 나였어. 나는 그렇게 에딘버러에서 나와 머리를 맞대고 오래도록 웃었어.

관객들은 '아름다운 이야기를 들려줘서 고맙다'고 칭찬해 주었고, 눈물 글썽한 얼굴로 나를 안아 주었지.

'그래 잘 못 오지는 않았구나.'

눈으로 보이는 관객들의 찬사는 우리에게 '강아지똥'은 계속되

183 · 김정숙의 편지

어야 한다는 증표가 되어 주었어.

그래, 권정생 선생님은 아셨던 거야. 강아지똥이 사람들에게 큰 위로가 되리라는 것을…. 그래서 세상의 강아지똥에게 민들레 씨앗을 품게 하고 싶으셨던 거야.

'"평생 강아지똥 하라"는 말씀도 그래서 하신 거구나.'

에딘버러에서 나는 한 땀 한 땀 그려놓은 꿈속을 우아하게 거닐었지. 처음이야. 이렇게 꿈을 놓았던 적은 없었거든. 그동안 옥상옥을 짓듯이 꿈속에서도 어찌나 달박거리며 안달복달거렸는지…. 이렇게 꿈이 열매가 익어지는 옆에서 가만히 바람이나 세면 될 것을….

이번 에딘버러는 잘 빚어진 꿈이었어. 아주 조금 기대를 품었던, 차마 욕심일까 두려워 내놓지 못했던 꿈까지 '베스트 쇼' 상으로 열매를 맺으니 참 좋더라.

그리고, 이제부터 2년에 걸쳐서 6,500만원의 빚을 잘 갚겠지. 꿈이란 게 본디 미래를 끌어다 짓는 속성이 있으니 당연한 거지.

내 꿈은 그래. 언제던가 그때도 병중이라 요양원에 가서 지내던 땐데, 꿈 자랑을 한껏 했더니 환우가 듣고서는 "당신은 안 죽겠다. 하고 싶은 일이 저리 많으니 어찌 죽겠냐. 나도 이제부터 약 지을 생각 말고 꿈을 지어 살아야겠다."고 하셨지

사람들은 나를 보며, '이 사람이 암이 세 번이나 전이된 여자인

가?' '30년을 암환자로 살아온 이가 맞는가?' 의심한단 소릴 들었어.

내 비밀은 이거야. 꿈을 손에 꼭 쥐고 가는 거야. 나는 알아, 꿈이 없는 내가 어떤 깡통이 되는지. 나를 나답게 살게 하는 꿈-연극을 사랑하고 관객을 사랑하는 것에 거짓이 끼어들 수 없는 이유이기도 해.

부정한 약은 몸을 해치지만 순도가 높은 사랑의 약은 생명이 되어 생명을 살리지. 음, 천년만년 살고 싶다는 욕심은 없어. 단지 내 욕심이 아닌, 내가 캐스팅 될 꿈이 있는지 묻는 것이란 말을 하고 싶어. 이전엔 나 혼자 이겨먹겠다고 앙다물고 살았던 입술이 에딘버러 홀리로드를 걸으며 실실 풀어지더라는 거지.

연주야.
난 요새 스물두 살 '강아지똥' 배우를 모시며 살고 있어.
그 아이와 대화하고 그 아이가 '강아지똥'을 담아내는 것을 지켜보며 저 아이의 '강아지똥'이 되는 것이 나의 '꿈'인가하고 두 손을 모아 쥔다. 그럴 수만 있다면 나도 '강아지똥'처럼 기꺼운 마음으로 거름이 되겠노라고 할 것 같아.
세월이, 에딘버러가, 나의 가장 젊은 스승-강아지똥이 가르쳐준 인생의 비밀이다.

연주야.

노래를 부르고 싶다.

"산에 피어도 꽃이고 들에 피어도 꽃이고 길가에 피어도 꽃이고 모두 다 꽃이야~"

내년 '강아지똥'의 민들레 장면은 이 화엄의 세계를 지어 보여 드릴거야.

생명의 아름다움을 지어 올릴 테다.

내가 사는 이유다.

내겐 늘 너무나도 고마운 친구 연주야~

#28 김정숙에게 보내는 열 번째 편지

음(音)의 어부, 사랑으로 그물을 던지다

∧∧∧∧∧∧∧∧∧

사랑하는 대표님 안녕하세요!

보내주신 편지 잘 읽었습니다. 대표님의 '꿈' 이야기는 먹먹하게 아름답습니다.

우리가 아직도 꿈을 꾼다는 건, 그 꿈에 가닿지 못했기 때문이겠죠. 잡힐 듯하다가 어느새 달아나는 얄궂은 그것을 마냥 흠모하며 쫓아다녔던 커다란 동선이 제 인생길이 되었습니다.

요즘엔 제가 어느 지점에 서 있는지 잘 모르겠습니다. 몰라서 당황스러운 건 아니고 '모호함' 속에서 사는 하루하루가 익숙지 않을 뿐입니다. 말 잘 듣는 어린아이처럼 얌전하게 삶의 뒤꽁무니를 따라갑니다. 난생처음으로 취해보는 수동적인 삶의 태도. 제 삶의 자랑거리는 열정, 적극성, 끈질긴 의지 같은 것들이었는데 그 펄떡거리는 에너지들을 잠시 가둬놓았습니다. 진두지휘하며 통제

하지 않으니 진땀이 덜 납니다. 흐르는 대로 살면 어떤 일이 벌어질까? 오랜만에 느껴보는 기분 좋은 호기심입니다.

계절이 바뀌었습니다. 한낮의 태양은 아직 뜨겁지만, 아침저녁으로 선선한 가을바람이 붑니다. 가을바람은 특유의 향기를 몰고 와요. 코로 맡는 향이 아니라 가슴으로 느끼는 향. 때가 되면 어김없이 찾아오는 계절이지만 일생을 통틀어 100번도 맞이할 수 없다는 사실을 인지하면 모든 계절이 그냥 소중해집니다.

손가락은 잘 낫고 있습니다. 수술 때문에 뽑아야 했던 손톱도 많이 자라났고, 손가락도 조금씩 일상 속에서 제 역할을 늘려가는 중입니다. 집고, 잡고, 치고, 긁고, 찌르는 등의 단순한 행위들이 결코 단순한 게 아니라는 것을 깨닫게 되니 신체의 모든 작동이 그저 신비롭고 고맙게 느껴집니다.

노상 무심히 보아오던

손가락이 열 개인 것도

이적(異蹟)에나 접하듯

새삼 놀라웁고

시인 구상, 〈말씀의 실상〉 中

발톱 깎다가

눈물 한 방울

너 거기 있었구나

멍든 새끼발가락

이어령, 〈눈물 한 방울〉 中

얼마 전에 극단 동료들을 만났습니다. 한솥밥 먹던 식구들이 오랜만에 뭉치면 만남의 주목적은 어느새 뒷전이 되고 자연스레 수다의 장이 열립니다. 수많은 주제들이 피어납니다. 그래도 결국엔 '사람 이야기'로 끝이 납니다. 사람이 사람에 대해 호기심을 갖는 거 어찌 보면 당연한 일이겠죠. 인간관계에 관한 이런저런 이슈들을 나누다가 한 친구가 대뜸 이렇게 말합니다. "감독님은 친해지면 상대에게 정을 다 주는 스타일 같으세요." 흥미로운 것은 말보다 표정에서 그녀의 진짜 마음이 읽혔는데 해석해보자면 이렇습니다. "사람에게 간 쓸개 다 내주지 마세요. 돌아오는 건 상처뿐입니다." 자신의 뼈아픈 경험에서 비롯된 염려의 마음은 예쁘게 받았지만 '정을 다 주는 스타일'이라는 표현은 정정해주고 싶었습니다. 그 문구는 왠지 자신의 것을 기꺼이 내어주는 사람을 밑지고 당하는 사람으로 치부하는 듯한 부정적인 뉘앙스를 풍기거든요, 저는 이렇게 대답했습니다.

"정을 다 주는 것이 아니라 사랑할 권리를 맘껏 누리고 있을 뿐이야…"

더 주는 사랑이 아까울 때도 있었습니다. 주는 만큼 되받지 못할까 두려운 적도 있었고 주는 만큼 되받지 못해서 억울한 적도 있었습니다. 사실 어폐가 있는 문장이기도 합니다. 더 주는 게 아깝다면 사랑이 아니지요. 엄밀히 말하자면 그건 '거래의 마음'일 뿐입니다.

어느덧 받는 사랑보다 주는 사랑이 더 편하고 좋은 나이가 되었습니다. 퍼주면 퍼줄수록 채워지는 매직을 알게 되었거든요. 사랑의 근원은 같지만, 사랑의 언어는 저마다 다릅니다. 그래서 서로를 몰라주거나 오해하는 경우가 허다하죠. 철이 든다는 것은 어쩌면 '아, 돌이켜보니 모든 것이 사랑이었어!' 깨닫는 일일지도 모르겠습니다.

존경하는 두 분의 목사님이 계십니다. 사랑에 관한 두 원로 목사님의 차분한 언급이 참으로 인상적이어서 이따금 떠올리며 마음에 새기곤 합니다.

"사랑하는 대상이 가장 자기답게 살도록 도와주세요."
"사랑하는 이가 방황하고 있다면 방황하도록 내버려두세요."

저의 비현실적인 꿈을 인정해주고 긴 방황의 시간을 인내해주었던 존재들이 있습니다. 그것이 사랑인지도 몰랐습니다. 저의 관심사는 '존재의 안위'와 '인생의 번영'이었으니까요. 생각할수록 부끄러운 일입니다. 값없이 받은 그 사랑을 어떻게 대갚음할 수 있을까요? 자식이 있다면 위에서 받은 사랑 밑으로라도 맘껏 흘려보낼 텐데 자식도 낳지 않았으니 무조건적인 사랑의 실천은 평생 불가능할 것 같습니다. 그것이 죄책감으로 남아있습니다. 인간적인 대우는 다 받았으면서 인간적인 도리는 다하지 않은 느낌이랄까? 그래서 늘 사랑할 대상을 찾는지도 모르겠습니다.

가끔은 딸국이와 '엄마 놀이'를 하고 있다는 생각도 듭니다. 딸국이를 사랑해주고 돌봐주면서 '엄마의 마음'을 상상합니다. 적당히 독립적이면서 적당히 의존적인 딸국이는 제 주변을 항상 맴돌면서도 저의 자유를 침범하지 않습니다. 한결같이 저를 기다려주고 변함없이 저를 신뢰합니다. 지금에 집중하고, 무엇에도 집착하지 않으며, 어떤 순간에도 기지개를 켜는 여유를 잃지 않는 꾹이를 보고 있으면 울퉁불퉁했던 제 마음이 어느새 평평해집니다. 제가 딸꾹이를 키우는 건지 딸꾹이가 저를 키우는 건지 모르겠습니다. 둘 다겠죠.^^

꾹이에게 자주 하는 귓속말이 있습니다.

"꾹아! 사랑해. 내가 널 끝까지 지켜줄게. 그러니까 아무 걱정하지마. 알았지?"

어느 날 이 문장을 번복하는 제 모습을 발견하면서 불현듯 깨닫게 되었습니다. '아! 내가 듣고 싶은 문장이었구나…'

사랑받고 컸으나 그런 언어를 들으며 자라지는 못했습니다. 더는 들을 필요가 없는 문장이지만 어리고 유약할 때 불안하고 예민했던 제 영혼은 무척이나 듣고 싶어 했던 문장 같습니다.

딸국이를 돌보는 행위 자체가 저를 치유합니다. 꾹이가 느끼는 안정감이 저에게 전이되면 제 마음도 덩달아 편해집니다. 우리는 그렇게 태어난 존재인가 봅니다. 누군가의 보살핌도 받아야 하고 누군가를 보살피기도 해야 하는 존재. 보살펴지고, 보살피면서 서로에게 연결되는 것이지요. 타인은 의식하고 살면 불편한 존재지만, 위하고 살면 삶의 복이 됩니다.

어린 왕자가 자신의 소행성으로 돌아간 이유는 그곳에 피어있는 장미 한 송이를 돌봐주기 위해서입니다. 처음 지구별에 왔을 때 정원에 핀 몇천 송이의 장미들을 발견하고는 자신의 장미가 유일한 게 아니었다고 크게 상심하지만 머지않아 알게 됩니다. 자신의 시간과 정성을 들여 길들인 소행성의 그 장미 한 송이가 세상에서 가장 소중하고 특별한 존재라는 것을…

자기와는 아무런 연관이 없는 수천 송이의 장미를 향해 어린 왕자가 말합니다.

"너희들은 아름답지만 텅 비어있어."

그리고는 자신의 별을 향해 죽은 듯이 사라져버립니다.

남은 사랑을 제대로 실천하기 위해서.

"나는 내 장미를 책임져야 해."

"나는 내 장미를 책임져야 해."

저에게도 돌봐줄 장미가 있습니다. 한 송이가 아니라 여러 송이.

편하게 살고 싶은 욕망을 내려놓고 매일 매일 저의 별로 떠나는 연습을 해야 할 것 같습니다.

사랑하는 대표님! 최근에 겪었던 인상적인 경험 하나를 털어 놓을게요. 윤동주 시인의 〈길〉이라는 시에 곡을 붙이고 편곡까지 끝낸 직후였습니다. 갑자기 주체할 수 없는 눈물이 쏟아져서 한참을 꺼이꺼이 울었습니다. 설움이 복받쳐서 운 것도 슬퍼서 운 것도 아닙니다. 그저 감사해서 마냥 부끄러워서 울었습니다.

많지도 않고 적지도 않은 재능을 밑천으로 열심과 최선을 다하면 원하는 무언가를 얻을 수 있으리라 믿었습니다. 하늘은 스스로 돕는 자를 돕는다고 하니까요. '멈춤' 기능이 없는 세월은 속절없이 흘러만 가고 제 맘은 초조해졌습니다. 노력 대비 돌아오는 대가는 작고, 젖 먹던 힘까지 끌어올려 전력투구를 해봐도 눈에 보이는 성과가 매번 기대치에 못 미치니 기가 막힐 노릇입니다. 목에서 피가 나도록 '야호'를 외치는데 그 어떤 메아리도 돌아오지 않을 때의 기분이랄까요. 억울한 생각마저 들었습니다. '운이 없는 건가?' '아직 덜 고생했나?' '내가 뭘 잘못 알고 있나?' 해소되지 않는 갈증, 미진한 만족감, 커져만 가는 아쉬움이 불쑥불쑥 절 괴롭혔습니다.

그런데 이제 그 이유를 알 것 같아요. 뭐가 그렇게도 불만족스럽고 억울했는지. 모든 게 제 것이라 여겼기 때문입니다. 재능도 내 것이고, 능력도 내 것이고, 모든 애씀과 수고로움도 다 내 것이라 믿었기 때문입니다. 가진 것도 내 것, 가질 것도 내 것, 못 가진 것과 못 가질 것도 다 내 것…

공짜로 태어났고 모든 걸 선물로 받았습니다. 찬찬히 돌이켜보니 살면서 제힘으로만 해낸 게 아무것도 없습니다. 신의 긍휼, 부모님의 덕, 남편의 사랑, 주변인의 도움으로 여기까지 무탈하게 걸어온 겁니다. 게다가 나 하고 싶은 일 다 하면서. 그 고마운 진실을 망각한 채 바라고 또 바라고 못 얻는 거 억울해서 상심하는 내 꼴이란.

"연주야, 내가 너에게 부족하게 해준 게 있니?" 하늘이 묻습니다. 엄마가 묻습니다. 아빠가 묻습니다. 남편이 묻습니다. 대답은 못 하고 하염없이 눈물만 주르륵.

대표님! 저 매일 매일 더 많이 감사하면서 살려구요.

전에는 알지 못했던 새 같은 자유로움이 느껴집니다.

원망의 마음은 참 무거운데 감사의 마음은 훨씬 가벼워요.

10월 중순까지 마쳐야 할 중요한 프로젝트가 있어서 몇 주간 이른 새벽에 일어나 작업실로 출근 중입니다. 덕분에 운전 실력이 많이 늘었어요. 경험은 버릴 게 없습니다. 해 뜨기 전에는 도로에 차가 거의 없습니다. 뻥 뚫린 내부순환도로를 달리다 보면 배 끌고 바다로 나아가는 어부들이 생각납니다. '오늘은 뭔 고기가 얼마나 잡히려나?' 그들의 물음이 저의 물음입니다. '원하는 음표를 많이 끌어올려야 할텐데…" 저의 바람이 그들의 바람이구요.

예술은 위대합니다. 바다도 위대합니다. 나의 예술과 나의 음악이 '어부의 바다'가 되었으면 좋겠습니다. 어부들이 평생을 물고기 잡으면서 고상하고 철학적인 질문들 많이 안 하잖아요. 저 또한 음표들 끌어올리느라 눈코 뜰 새 없는 부지런한 '음(音)의 어부'가 되고 싶습니다. 생존해야 하니까요. 어부가 어부인 이유가 그거 말고 더 있겠습니까.

오늘도 저 너른 바다에 있는 힘껏 생의 그물을 던져봅니다. 그것이 제가 할 수 있는 가장 큰 사랑의 실천이기에.

사랑하는 대표님 새로운 소식으로 또 뵙겠습니다.

오늘도 내일도 건강하게 지내세요!

당신의 사랑의 연주가

#29 심연주에게 보내는 열아홉 번째 편지

진짜 모시는 사람, 우리 집 아저씨 이야기

연주야

진짜 모시는 사람-나의 아저씨.

연주야 오늘은 우리 집 아저씨 이야기 해줄게. 10년 전 서초구청에서 혼인신고를 하며 결혼한 나의 한 살 많은 아저씨 이야기.

내가 모시는 것은 연극이지만, 우리 집 아저씨가 모시는 것은 병 많은 나와 치매 걸리신 아흔일곱 살 아버님이야.

가끔은 아직도 다 벌지 못한 돈을 벌어야 한다는 조바심에 속도 상해 하지만, 나는 알아. 그의 마음이 향하는 곳은 언제나 아버님과 나라는 것을. 그는 정말 엄마처럼 나의 컨디션이나 아버님의 상태를 기막히게 알아내고 손을 내밀어 도움을 주지. 잠결에 우리 집 아저씨를 '엄마'라고 부른 적도 있을 정도야.

　나는 생각해. 우리 집 아저씨가 없으면 내가 존재할까? 나는 환자고, 돈 안 된다는 '예술쟁이'고, 참 보기 딱한 흠투성이 여자인데…. 그런 내가 밖에서 이런저런 행세라도 할 수 있는 건 모두 아저씨 덕분인 거지.

　40년 전 '나보다 한 살 많은 극단 후배'였던 남편은 어느 날 갑자기 일본으로 유학을 갔다는 소식과 함께 대학로에서 사라졌고, 30여 년의 세월이 흘러 전화기 속의 낯선 목소리로 돌아왔어. 그렇게 그는 이솝우화 속의 낙타처럼 밖이 너무 추우니, 손만 얼굴만 목만 가슴만 등만 하면서 결국은 내 방을 차지했지.

　함께 사는 모든 일이 낯설었어. 우리가 모르고 살던 20여 년간 그는 연극을 외면하고 살았고, 나는 그 연극을 부여잡고 한 우물을 파고 있었던 거야.

　다행인 것은 그 우물 속 여자를 그가 인정해 준 것이지. 나의 작업을 존중해 주고 응원해 주며, 자기 일처럼 신나하는 모습을 보면 나는 오히려 마음이 짠해져.

　20대 때의 그는 가난한 동료들의 부자 형이었고 후배였어. 연습이 끝나면 우리는 그를 믿고 술집에 갔고, 언제나 그의 주머니는 배고픈 우리를 위해 열려 있었지. 키도 크고 몸도 좋았던 상남자 스타일의 그를 여러 극단에서 콜을 했지만 그는 자신의 성공보다는 사람의 의리를 먼저 챙기던 바보 형이었어.

그러던 그가 주연을 맡은 작품의 혹평에 상처를 깊이 받고 일본 유학을 떠났다는 말도 아주 나중에 들었어. 그렇게 세월이 흘렀는데…. 모르고 살았던 사람인데….

혼자 살던 내가 누군가와 산다는 일은 편치 않았어. 그래서 많이 싸웠지. 우리가 어렸을 때 만나지 않았다면, 한 극단에서 라면을 나누던 사이가 아니었다면 벌써 벌써 갈라섰을 거야.

그러나 적어도 나는 그러지 못했어. 무엇이 되든 우리의 현재가 안녕하기를, 그래서 그의 상처가 치유되기만을 빌었고, 그렇게 나는 그의 상처를 나누어 받았던 거야.

나이 쉰은 지천명이라는데, 우리는 20대 젊은이가 아니었고 3-40대를 분실한 채, 50대 중년으로 살아야 하니 덜컥 겁이 날 수밖에. 술 잘 사주던 형은 옛날이었고, 짠순이 연극쟁이로 평생을 살아온 여자는 빤스 한 장 사는 일에도 서로 상처를 주고 살았어. '썩어도 준치'인 남자는 명품 티셔츠는 마르고 닳도록 입으면서 가성비 좋은 티셔츠는 괴로워했지.

오늘 아침 문득 우리가 최근에 싸우고 있지 않다는 생각이 들어 웃음이 나왔어. 싸울 일을 만들지 않은 노하우가 생겼달까…. 싫어할 말은 입안에서 삼켜 버리고, 나보다도 먼저 서로를 살피게 되니 절로 갈등이 사라진 듯해.

왜 그렇게 됐을까? 진심은 우리가 서로를 보는 '마음이 달라졌다'는 것이 느껴져. 이제 그의 스모 선수 같은 D라인도, 빤스만 입고 돌아다니는 모습도 다 소중하고 감사하고 사랑스러워 실제로 절로 함박웃음을 짓곤 해. 나의 아저씨는 내가 돌아갈 '집'이야~

우리는 아흔일곱 살의 아버님을 모시고 살아.

이미 청력을 잃으셨고, 소리보다는 몸짓과 표정을 대화를 나누기 시작한 지 오래지만, 그래도 아버님은 자신의 잊지 않은 추억을 매번 전수하셔.

아버님이 오늘까지도 기억하시는 최애 아름다운 시절은 6.25전투-화랑무공훈장을 받던 청년 소대장의 무용담이야. 언젠가부터 나도 토씨 하나 안 틀리고 외울 자신이 있지만, 나는 언제나 처음 듣는 이야기처럼 고개를 크게 끄덕이고 박수를 치며 호응해.

길지 않은 10여 분 동안 언제나 스토리는 똑같고, 10분이 넘어가서 나오는 스토리는 간혹 다르다. 기억의 동굴 속 볕이 잠깐 들면 아버님이 잊고 있었던 이야기가 스멀스멀 나들이를 하고, 이야기를 하는 아버님조차도 눈물이 나오는 이야기이고 나도 저절로 숙연해 지는 이야기….

그러나 그 순간도 잠시뿐, 이야기가 다시 첫 레퍼토리로 돌아가

201 · 김정숙의 편지

고 나의 인내심도 바닥을 치면 나는 전화가 온 것처럼 할리우드 액션을 취하며 일어서지. 이 때의 아버님의 아쉬움에 가득한 눈빛이 제일 힘들어.

그렇게 나는 오가듯 스치며 큰 인심 쓰듯 잠깐 뵙지만 우리 집 아저씨는 아버님의 24시간과 함께야. 완벽한 돌봄이 있을까만 그래도 우리 집 아저씨는 잠자리를 거실로 옮겨 가며 아버님을 지키지. 왜냐하면 아버님이 한겨울에도 친구를 만나러 간다고 잠옷차림으로 나가시거나, 또 실제로 우리가 없을 때 나오셨다가 집에 들어가시지 못해서 밖에서 떨고 계시는 모습을 보고 놀라서, 둘이 번갈아 지켜드리는 거지.

함께 모시지 않는 자손들은 수면제를 드려서 주무시게 하라고도 하지만, 혹여라도 잠에 취해 넘어질세라 그도 마땅한 방법이 아니고, 그러니 지켜 드리는 도리밖에….

간혹 사정을 모르는 사람들의 훈수는 좀 마음이 아프다. 나라에서 주는 돈을 받으라고, 사람을 쓰라고, 왜 안 받고 안 쓰냐고….

'왜 우리 집 아저씨는 돈도 받지 않고 사람도 안 쓸까?'

내가 지켜보기로는 그는 얼마 남지 않은 아버지와의 시간을 알뜰하게 보내고 있다고 생각해. 남의 손을 빌리는 것도 좋지만 나는 진심으로 그의 손은 귀하다고 느껴. 아버님의 식단을 준비하고, 머리를 깎아드리고 옷을 갈아입히고, 몸을 닦아 드리는 손! 아버님의 옷을 꿰매 드리고, 주무시는 아버님을 조심스레 살피는 그의 모습은 참 아름다워.

안 들리는 아버님에게 큰소리를 내는 것은 간혹 비명처럼도 들리지만, 나는 알아. 어머님을 요양원에서 잃었던 그의 깊은 결심을. 다시는 고려장을 생각하지도 남의 손에 부모를 맡기는 선택을 하지 않으리라는 것을.

나 또한 환자인지라 그의 든든한 조력자가 되지는 못하지만, 아침에 일어나 식탁에 놓인 보리누룽지 한 공기는 내 마음속 깊은 사랑을 불러내고, 나는 화답하듯 한껏 예쁜 소리를 내어 굿모닝이라고 외치면서 감사해 하지.

살아 있고 사랑하는 오늘을 선물 받는 기쁨의 외침. 나는 모시는 사람들 대표이지만 진짜 모심은 우리 집 아저씨가 한다.

이홍국 씨!

당신을 존경합니다.

나를 살게 하는 생명-우리 집 아저씨 이야기야.

문득 아버지의 임종도 어머니의 병수발도 하지 못한 내가 생각난다.

나이가 들수록 더 생생하거나 자주 떠올라. 그래서 누군가 내 병수발을 들거나, 치매의 나를 상상하는 것은 참으로 뻔뻔한 못할

짓 이었어. 하지만 이제는 비밀통장에 3,000만원을 모아야 한다고 잔고를 세던 버릇이 잊혀 간다.

부모님을 제대로 모시지 못했다는 자책은 아무도 나를 보살펴 주지 않을 거라는 두려움의 벽을 높이 쌓고 들어앉아 종내에는 스위스에 가서 안락사를 할 3,000만원을 저축해야 한다고 궁상을 떨었었는데…. 모두 잊혀 간다.

돌봄이, 모심이 거추장스러웠던 부담에서 벗어나 비로소 숨을 쉬는 자유가 느껴진다. 고향에 온 듯 두 다리가 편안해. 다 우리 집 아저씨 덕분이야.

"이홍국 씨 내가 효도할게요~."

2024 추석 다음 날

올 추석엔 송편을 못했어.
내 건강을 염려해 주신 가족들에게 넘 미안했어.
건강이 젤이야~~.

연주의 추석이 풍요로웠길!!!

#30 김정숙에게 보내는 열한 번째 편지

나의 행복 리스트

대표님, 안녕하세요.

벌써 올해의 마지막 달 12월이 되었습니다. 컨디션은 어떠신지, 식사량은 전보다 늘었는지 궁금합니다. 대표님이 떠오를 때마다 그 자리서 기도하는 버릇을 들여야겠습니다. 간절한 기도가 쌓이면 절실한 소망도 이뤄지니까요.

며칠 전에 첫눈이 내렸습니다. 겨울의 출연을 세상에 선포라도 하듯 내린 눈의 양이 상당했습니다. 생의 처음으로 세찬 눈보라를 뚫고 운전하는 기분이 묘했습니다. 작년까지만 해도 상상할 수 없던 일. 20년 동안의 장롱면허 신세를 끝내고 '운전 못 하던 여자'가 '운전할 수 있는 여자'가 되었습니다. 도로가 무서워서 운전이 죽기보다 싫었는데 그 지독한 두려움이 이제 조금씩 사그라들고 있습니다. 평생 남의 차만 야금거리며 얻어 탔습니다. 실력이 더 좋아지면 저도 사랑하는 이들의 든든한 운전기사가 되어 주고 싶습니다.

올해 한 일 중 잘한 일이 또 하나 있습니다. 바로 '크리스마스트리 만들기' 입니다. 기왕 하는 거 오랜 시간 즐기고 싶어서 11월 초부터 완성시켜 소파 곁에 예쁘게 세워 두었습니다. 24시간 피곤을 모르고 반짝이는 트리 전구를 볼 때마다 현실에 매장당한 설렘의 세포가 다시 깨어나는 기분입니다.

대표님.

저에게 행복이란 '크리스마스트리' 같은 것이었습니다. 남의 것, 남이 장식해 놓은 것을 보면서 감탄하고 부러워하고 언제가 때가 되면 나도 내 것을 가지리라 다짐하면서 그 소유를 미루곤 했던….

괜스레 헛웃음이 납니다. '그런 때가 존재하기나 할까? 행복을 누리기에 완벽한 때가. 앞으로의 미래도 운 좋으면 지금보다 조금 덜 불안하거나 운 나쁘면 더 불안한 나날의 연속일 텐데. 완전치 못한 인생이지만 온전한 행복은 누릴 수 있지 않을까? 오늘의 행복을 내일로 건네지 말자. 행복은 돈처럼 저축할 수 있는 게 아니니까. 그 순간 못 누리면 그 자리서 영원히 녹아 없어져 버리니까.'

207 · 심연주의 편지

그리하여 평생을 미뤄 오던 저만의 작은 꿈 하나를 드디어 실천했습니다. 때로는 별것 아닌 행보가 삶의 큰 변화를 상징하기도 하지요.

제가 행복해하니 남편도 행복해합니다. 함께 히죽거리며 트리 장식품을 달고 딸국이는 호기심 가득한 몸짓으로 주변을 덩달아 사뿐거리고…. 평화로운 가족영화의 한 장면입니다.

동트기 전 캄캄한 새벽에 일어나 거실로 나가면 트리의 아름다움이 빛을 발합니다. 뜨끈한 모닝커피를 느긋이 목으로 넘기며 별박힌 행복 나무를 한참 동안 바라봅니다.

'행복이 우리 집 안에 있구나. 밖에 있지 않고 친구 집에 있지 않고 바로 여기 있구나.'

저는 '슬픔'이라는 감정에 익숙한 사람이었습니다. 어릴 적부터 빛보다 그림자의 본질을 궁금해 했고, '죽음'에 관한 인식도 또래들보다 유별나서 원초적인 두려움을 꿈속까지 데리고 다녔습니다.

해 질 무렵이면 무력감과 우울감이 몰려왔습니다. 까만 밤이 싫었어요. 밤은 죽음과 닮아 있거든요. '어둠'을 인식하면 슬픔은 증폭됩니다. 그렇다고 어둡고 축 처진 모습은 아니었습니다. 웃음소리 크기로 유명했고 기쁠 때는 장소 불문 창피함도 모른 채 깡충거렸습니다.

그런데 '행복'이라는 감정은 잘 몰랐던 것 같습니다. 행복한 일이 없었다는 게 아니라 행복한 감정이 정확히 어떤 건지 스스로 정의 내리지 못했다고나 할까요? 행복은 증폭이 작고 은은한 느낌의 감정입니다. 화나면 부르르 떨리고 슬프면 눈물이 솟구치는 인간의 신체도 행복할 땐 반응이 잔잔합니다, 주의를 기울이지 않으면 행복의 만끽은 둘째 치고 그것이 무슨 감정인지도 모른 채 지나쳐 버리기가 십상입니다.

성장하면서 수많은 매체와 사회적인 분위기를 통해 행복의 정의를 흡수하였습니다. 행복이란 무언가를 성취하거나 해냈을 때, 원하는 걸 손에 쥐었거나 바라는 걸 이루었을 때 포상처럼 주어지는 만족감 같은 거라 여겼습니다. 성장, 번영, 우세와 같은 삶의 플러스 요인이 작용할 때 자연스럽게 따라오는 감정이랄까요? 행복을 느끼려면 그만한 자격이 되거나 상응하는 조건이 필요하다고 믿었습니다.

그런데 우리의 현실은 생각보다 초라합니다. 실패도 잦고 원하는 걸 원하는 만큼 가질 수 없으며, 가졌어도 잃을 것이 또 걱정입니다. 꿈이 뭔지도 모르겠고, 알아도 좇다가 지쳐 중도 포기입니다. 성공한 자들의 풍요한 미소와 여유가 부럽습니다. 그들은 마치 행복을 누릴 권리를 가진 자들처럼 보입니다. 마이너스 인생의 주인공들은 맥없이 작아지고 초라해집니다. 행복할 이유가 없다고 느껴집니다. 행복을 포기하니 남는 건 불행뿐입니다.

다행스럽게도 사회가 진화하면서 행복에 대한 새로운 시각들이 생겨나고 있습니다. 행복은 우위의 감정도 아니고, 특정 순간에만 느낄 수 있는 감정도 아니며, 지나치게 추구할 감정도 아니라는 겁니다. 묘한 안도감이 느껴집니다. 관념 하나만 제대로 수정되어도 인생이 조금은 가벼워집니다.

삶의 구석구석에 자그마한 행복들이 숨어 있습니다. 그걸 발견해내는 이에게 복이 있나니! 별거 없는 하루였어도 무탈하니 행복할 수 있고, 불운한 일 겪었다 해도 최악이 아니라면 행복할 수 있습니다.

매 순간 촉을 세우고 행복을 감지하는 나를 상상해 봅니다. '아, 행복해!' '아, 행복해!' 노래를 부르면 행복감은 풍선처럼 부풀어 커집니다. 이것도 행복이야, 저장! 저것도 행복이지, 저장! 행복한 순간들을 의지적으로 인식하여 틈틈이 뇌 안에 저장하는 겁니다.

앞으로의 삶의 여정에서 고통, 슬픔, 절망의 골짜기를 굽이굽이 넘을 때마다 슬기로운 뇌가 고단함에 지친 제 심장에게 알려줄 거예요. '연주야, 아무리 힘들어도 잠깐 고개를 들어 하늘을 봐봐. 네가 그토록 좋아하는 저녁노을이야. 지금은 행복의 순간, 그러니 잠시라도 이 행복을 누리고 다음 문제를 고민해보자!'

일상에서 느끼는 크고 작은 행복들을 꼼꼼하게 적어 보았습니다. 저의 하루, 한 달, 일 년, 일생을 지탱해 준 소중한 행복의 순간들을 찬찬히 떠올리며 정성스럽게 기록하는 과정이야말로 행복 그 자체였습니다.

대표님의 행복과 저의 행복은 몇 개나 일치할까요?
갑자기 궁금해집니다.
올 한 해 마무리 잘하시고 저는 새해에 또 인사드리겠습니다.

사랑하는 대표님, 오늘도 행복하세요!

〈나의 행복 리스트〉

*Ordinary
때 묵은 먼지 제거하고 오래된 옷가지 정리할 때,
장 보러 마트 들렸는데 필요한 용품을 깜짝 세일 할 때,
라디오에서 오래된 명곡 흘러나올 때,
대형 책방에서 이 책 저 책 들여다볼 때,
이른 아침 일어나 마시는 첫 커피,
우연히 발견한 맛 좋은 과자,

겨울날 칼날 같은 바람 맞으며 도시의 빌딩 숲을 거닐 때,

새벽 공기를 가르며 작업실로 출근할 때,

귀한 책 한 권, 뇌리에 남는 명문장,

주말에 남편과 한가롭게 먹는 브런치,

아무 약속도 없는 날,

신호등 운이 좋은 날,

쿠폰 쌓여 얻어먹는 공짜 커피,

가끔 먹는 야식,

두통 치통이 사그라들 때,

좋아하는 디퓨저 향이 온 집안을 가득 채울 때,

장롱면허 신세 청산하고 운전자 된 내 모습 발견할 때,

고지서 제때 처리하여 연체료 물을 필요 없을 때,

안양천을 따라 달릴 때,

근육량이 늘었을 때,

스파게티 소스 충분히 만들어 보관할 때,

내 손으로 직접 고른 예쁜 접시에 음식 담아 먹을 때,

뜨거운 차에 아카시아 꿀이나 밤꿀 타서 먹을 때,

향초나 큼지막한 머그컵 선물 받았을 때,

겨울밤 소파에 앉아 군밤이나 군고구마 까먹을 때,

특별한 날 먹을 수 있는 제부의 홈메이드 애플파이,

몸살 심하게 앓고 난 후 먹는 첫 끼,
색감 좋고 촉감 좋은 양말,
발 편한 운동화,
하루의 루틴을 성실하게 지킨 날,
공연 마친 다음 날,
코끝 찡하게 추운 겨울날 마시는 묵직한 핫초코,
달콤한 낮잠과 한밤의 숙면,
차 창문 활짝 열고 월드컵대교 건널 때,
단골 음식점에서 좋아하는 메뉴 먹을 때,
좋은 영화나 미술 작품 볼 때,
편지를 쓰고 있는 지금 이 순간.

*Nature

동이 틀 때,
여름에서 가을로 넘어가는 간절기,
철새들이 무리 지어 하늘을 날아갈 때,
초겨울까지 살아남은 붉은 장미,
산책길 중간에 자연의 터줏대감처럼 버티고 서 있는 오래된 느티나무,

아련한 봄 향기,

흑석동 근처 한강 공원 거닐 때,

윤슬,

어딘가를 향해 유유히 헤엄쳐가는 오리가족,

형용할 수 없이 아름다운 색을 뿜으며 지는 저녁노을,

고요한 호숫가,

나무 향 그득한 숲길,

아침을 재촉하는 새소리,

눈길 가지 않는 곳에 조용히 피어있는 들꽃,

나태와 빈둥거림이 허락될 정도로 꼬물꼬물한 날

여름밤의 세찬 빗소리,

비 온 후 청명해진 하늘,

겨울 바다,

조개구름,

창문가의 햇살,

흐드러지게 춤추는 갈대,

샛노란 은행나무 낙엽들,

아무도 모르게 내려와 온 세상과 시름을 덮은 하얀 눈.

*Relationship

아침에 눈 떴는데 딸국이가 내 옆구리서 자고 있을 때,

딸국이 기지개 켤 때,

딸국이의 아작아작 사료 씹는 소리, 찹 찹 찹 물 먹는 소리,

딸국이가 내 손가락 부드럽게 핥아줄 때,

딸꾹이의 보드라운 뱃살 만질 때,

다리 아픈 엄마 원하는 목적지에 모셔다드릴 때,

무슨 반찬 먹고 싶다고 무심코 내뱉었는데 엄마가 그거 해놓았다고 연락 왔을 때,

아빠랑 재래시장 가서 오순도순 장 볼 때,

친정 식구들과 한 식탁에 모여 식사할 때,

야밤에 남편과 아이스크림 먹으며 시시콜콜한 수다 떨 때,

끓여준 찌개가 맛있다고 밥 한 공기 뚝딱하며 행복해하는 남편 얼굴 볼 때,

새벽같이 출근하는 남편 위해 방금 내린 따끈한 커피 보온병에 담아줄 때,

남편, 나, 딸국이 셋이 한 침대에서 뒹굴거리며 하루를 마무리할 때,

미국에 있는 조카들과 영상 통화할 때,

절친과 오랜만에 만나 속 깊은 이야기 나눌 때,

그리운 이에게 전화했는데 단번에 통화될 때,

소중한 사람에게 선물 전할 때,

수고한 동료들에게 밥 사줄 때,

누군가를 포용할 때,

나의 길을 진심으로 존중하고 격려하는 이가 곁에 있을 때,

나의 재능이 누군가에게 도움이 될 때,

사랑할 때,

사랑받을 때.

*Enlightenment

용서되지 않은 것들이 용서될 때,

정말 중요한 것이 무엇인지 깨달을 때,

전보다 독립적인 사람이 되었다고 느낄 때,

고질적으로 나를 괴롭히던 마음의 이슈가 점점 옅어져 삶이 수월해질 때,

오랜 세월 별 욕심 없이 꾸준히 행하던 것이 인생을 이롭게 할 때,

집착과 연연함을 내려놓을 때,

덜 후회하고 덜 자책할 때,

관대해진 내 모습 발견할 때,

존재하는 것 자체로 충만함을 느낄 때,

걸으며 사색할 때,

공부할 때,

기도할 때.

*Artistic Insperation

작업실 소파에 누워 공상할 때,

과정에 푹 빠져 일했는데 결과도 만족스러울 때,

내가 나를 잊을 정도로 곡 쓰기에 몰입할 때,

종이 위에 그린 음표가 실제 연주자를 만나 진짜 생명을 얻을 때,

창조적인 연주자를 만났을 때,

의식 있고 질 좋은 연습을 했을 때,

연주 습관이 개선되고 테크닉이 향상됐을 때,

좋은 멜로디가 불쑥 떠오를 때,

새벽부터 일어나 곡 작업할 때,

창작의 벽에 부딪혀 옴짝달싹 못 하다가 마침내 그 벽 깨고 다음 마디로 넘어갈 때,

고되게 작업 한 날 빈속에 막걸리 한 잔 털어 넣을 때,

곡 하나를 어렵게, 어렵게 완성했을 때,

오랜 기간의 지루한 반복연습이 위력을 발휘할 때,

오케스트라 총보 들여다볼 때,

초견이 좋아졌을 때,

들리지 않았던 화음이 들릴 때,

내가 음악을 끌고 가는 것이 아닌 음악이 나를 끌고 간다고 느낄 때,

음악을 통해 누군가를 위로할 때,

음악인으로 살아간다는 그 자체.

#31 김정숙에게 보내는 열두 번째 편지

사심이 넘어서야 읽히는 '엄마'라는 여자의 일생

∿∿∿∿∿∿∿

사랑하는 김정숙 대표님께

대표님 안녕하세요! 독감으로 고생하셨다고 들었는데 지금은 많이 나아지신 거죠? 저도 낫지 않는 감기 때문에 한동안 집안에 꼭 박혀 지냈습니다. 찬 공기 가르며 씩씩하게 걷고 싶은 건 마음의 욕망, 소파에 붙어 온종일 쉬고 싶은 건 몸의 욕망. 보이는 몸의 욕망과 보이지 않는 마음의 욕망은 매번 일치하기가 쉽지 않은 듯해요.

대표님의 네 번째 희곡집 『조선여자전』의 탄생을 진심으로 축하드립니다. 다큐멘터리 〈연극인 김정숙〉도 감명 깊게 보았어요. 눈물을 많이 훔쳤습니다. 대표님의 '예술적 신실함'을 향하여 무한

한 존경과 사랑을 담아 증언하는 주변인들의 마음이 제 마음과 똑같습니다. 참으로 아름답고 경이로운 존재를 멀리서 관조하는 느낌이었습니다. 대표님이 뿜어내는 향기가 화면을 뚫고 나와 제 코끝에 자리합니다. 그것은 생명을 살리고 영혼을 일으키는 향기.

가치 있는 무언가에 투철하게 헌신한 자들이 갖는 '무형의 영토'가 있습니다. 돈으로도 살 수 없는 그 성스러운 영토에서 사람들은 생의 참 의미에 닿기도 하고 잃었던 인간성을 되찾기도 합니다. 대표님은 그 '생명의 땅'을 품고 계신 진정한 부자입니다. 꽃이 있고 나무가 무성하고 바람이 흐르고 새가 우는 그곳에 수많은 이들이 이미 다녀갔고 앞으로도 다녀갈 것입니다. 사람들은 그곳에서 깊은 쉼을 얻으며 각박한 현실에서 도무지 채울 수 없는 영혼의 허기를 달래겠지요. 세상이 아무리 부패해도 완전히 썩지 않는 이유는 그러한 '생명의 땅'이 사라지지 않기 때문일 겁니다.

대표님, 저는 잘 지내고 있습니다. 큰 탈 없이 지내는 것만으로 만족하며 최대한 균형감 있게 살려고 노력합니다. 타인과의 관계보다 저 자신과의 관계를 먼저 살피고, 밖의 일보다는 안의 일을 우선하여 돌보려고 애쓰는 중이에요. 저에게는 혁명과도 같은 일이죠. 자기 꽃밭을 가장 귀히 여기며 제대로 사랑하는 법을 이제야 배우게 된 행복한 늦깎이 학생이 된 기분.

조화롭고 질서 있는 삶을 살아 낼수록 내면의 힘이 더욱 커지는 걸 느낍니다. 아무런 자극 없는 '슴슴한' 일상을 막무가내로 흘려 보내지 않고 알뜰하게 누릴 때 생을 방해하는 쓸데없는 걱정들이 사라집니다.

'하루의 루틴'은 꼭 지키려 노력합니다. 인간은 성장하지 않으면 퇴보하는 존재라 하지요. 그 말에 전적으로 공감합니다. 저는 여전히 걷고 읽고 듣고 보고 쓰고 치고를 무한 반복합니다. 반복해야 발전합니다. 그래서인지 그 반복 행위가 제 삶에 깊은 만족감과 안정감을 줍니다.

얼마 전부터 이따금 부모님 댁에 들러 청소를 해 드립니다. 엄마가 무릎 수술을 하신 이후로 구부리는 동작이 불가능해져서 화장실 바닥 청소나 집 안 구석구석 먼지 닦는 일을 힘들어하십니다. 어느 날 우연히 거들어 드렸는데 무척 만족해하셔서 한 달에 한 번 정도 시간을 내어 정기적으로 도와 드리자 마음먹었습니다.

엄마는 뭐가 그리 미안한지 갈 때마다 용돈을 쥐어주기도 하고, 냉장고에 모셔둔 비싼 소고기를 여러 근 챙겨주기도 합니다.

"가서 이서방 맛있게 구워줘!"

받아오는 손도 민망하고 돌아오는 발도 무색합니다. '다 큰 자식의 별 것 아닌 도움도 거저 누리지 못하고 매번 그 이상을 챙겨

주시니, 효도하겠다는 의지도 섣부른 오만이었구나….'

　엄마 아빠의 공간을 정리하다가 이런저런 생각에 빠져들곤 합니다. 손때 묻은 소지품들, 애용하는 물건들이 자리한 걸 보면 부모님의 삶의 동선이 마음으로 그려집니다. 두 분의 오래된 습관, 캐릭터, 취향 등도 집안 곳곳에 묻어 있고요. '부모'라는 프레임이 벗겨진 인간으로서의 그들을 재발견하는 기분입니다.

　어느 날인가 청소 일을 대충 마치고 벽에 걸린 여동생의 작품을 물끄러미 감상하는데 그림 속에서 엄마가 보였습니다. 엄마가 그려진 그림은 아닙니다. 여동생의 자화상이었으니까요. 피사체가 아니라 주체에 관한 이야기입니다. 여동생이 그린 그림이 분명한데 엄마가 그린 그림 같다는 착각이 들었습니다. 미술적 재능은 엄마의 DNA고, 우리 집 삼 남매 중 그 귀한 재능을 물려받은 자식이 제 막내 여동생입니다. 엄마의 재능이 여동생을 통해 실현된 느낌이랄까? 말로는 설명할 수 없는 묘한 감정에 빠져 한참을 오도카니 앉아 있었습니다.

　대표님, 오늘은 엄마 이야기를 쓰고 싶습니다.
　자신에게만 온통 골몰해 있던 인생의 전반부를 흘려 보내니 이제야 주변이 보입니다. 보이지 않던 것이 눈에 밟히고 보아왔던 것이 달리 보입니다.

요즘엔 엄마가 달리 보일 때가 많습니다. 떠올리기만 해도 사무침이 올라오는 '엄마'라는 이름, 세상에 태어나 가장 많이 부르는 관계적 호칭. 그 호칭 아래 숨어 있습니다. 엄마가 아닌 한 여자가, 엄마가 아닌 한 사람이.

우리는 늘 가족보다 타인에게 끌립니다. 타인은 매혹적입니다. 그들에 관해 모르는 것투성이니 자꾸 궁금하고 더 알고 싶어집니다. 반면 가족에겐 특별히 궁금한 게 없습니다. 이미 알 만큼 다 알고 있다고 여기기 때문입니다. 저도 엄마를 잘 안다고 여겼습니다. 우리 엄만데 모를 이유가 없잖아요.

어느 정도는 맞고 나머지는 착각입니다. '엄마가 되기 전의 엄마' '엄마가 아닌 엄마'에 대해 저는 잘 모릅니다. 파편처럼 흩어져 있는 과거의 기억들을 하나둘 떠올리며 엄마라는 사람을 그려봅니다. 엄마를 사랑하니까요. 그리고 더 사랑하고 싶으니까요. 인간은 제대로 들여다볼수록 이해가 되고 이해가 되면 지금보다 더 사랑할 수 있으니까요.

세상에 태어나 최초로 만났던 여자 사람, 우리 엄마. 엄마는 2남 3녀의 맏이였습니다. 한평생 일 하시던 외할머니를 대신해 어린 나이에 동생들의 엄마 역할을 해야 했고, 외할머니의 식당일을 돕다가 열아홉 살에 그 식당 단골이던 우리 아빠를 만나 결혼하셨습니다. 결혼 후 자식 셋을 낳아 기르시고, 사업가인 남편(울 아빠)을 내조하며 충실한 가정주부로 사셨지요. 엄마는 딸로서, 누나로서, 언니로서, 부인으로서, 엄마로서 자신의 역할을 빈틈없이 해낸 사람입니다.

엄마는 재능이 많은 분이었습니다. 글 솜씨, 말솜씨, 요리 솜씨가 특출 나고, 무엇보다 그림을 무척 잘 그리셨습니다. 저는 그림 보는 걸 참 좋아하는데, 그림 그리는 재주는 영 없습니다. 어떤 종류의 물고기도 제가 그리면 전부 다 붕어빵이 됩니다.

어렸을 적 추억입니다. 틈만 나면 엄마를 졸라댔습니다. 그림 좀 그려달라고. 저에겐 없는 솜씨를 요술처럼 부리는 엄마의 능력이 신기하고 자랑스러웠습니다. 흰 종이에 펜이 쓱쓱 굴러가기 시작하면 만화영화에 나올 법한 예쁘고 화려한 공주님들이 실시간으로 탄생 됐거든요. 엄마는 특히 그녀들의 눈망울을 기막히게 표현하셨습니다. 깊게, 반짝이게, 영롱하게.

종종 낙서 짓을 할 때마다 그때의 기억을 더듬어 엄마의 그림을 따라 그려 보지만 성공한 적은 단 한 번도 없습니다. 타고난 재능을 무시할 수는 없는 모양입니다.

그 기적 같은 순간이 계속되었으면 좋았겠건만, 어느 시점부터 뚝 끊겨 버립니다. 엄마가 더는 그림을 그리지 않으셨거든요. 사실 그 이유에 관해 단 한 번도 진지하게 고민해 본 적이 없습니다.

225

심연주의 편지

'엄마는 왜 그림 그리기를 멈추셨을까?'

별안간 떠오른 물음 하나가 머릿속을 장악합니다. '그림 그릴 시간적 혹은 마음의 여유가 없으셨나?' 아니면 '그냥 단순하게 흥미를 잃으셔서?' 그것도 아니면 '처한 현실에 올인 하기 위해 당신의 꿈을 일깨우는 모든 행위를 스스로 금하신 건 아닐까?'

엄마는 무척이나 성실하고 부지런한 분입니다. 신도 잠자고 있을 캄캄한 새벽녘에 일어나서 가족들의 식사를 제일 먼저 챙기시고, 모두가 각자의 자리로 떠나면 남은 집안일을 합니다. 일흔의 나이가 되셨음에도 변함없이 지키시는 '엄마의 루틴'입니다. 큰 수술 때문에 병원에 입원하셨던 몇 번의 위급한 때를 제외하고 엄마는 자신의 루틴을 깨뜨린 적이 없습니다. 주부로서 당신의 과업을 어떻게든 수행하려는 강박과 책임감이 몸에 밴 까닭이겠지요. 엄마가 철통같이 지켜내신 그 루틴 덕분에 가족 구성원 모두가 건강하고 반듯한 삶의 질을 유지할 수 있었습니다.

사실 '엄마의 헌신'에 대해 진정으로 고마움을 느끼게 된 것도 결혼 후 한참이 지나서입니다. 공기로 숨 쉬고 산다는 것을 잊고 살 듯이, 누군가의 희생으로 살아온 것도 잊고 삽니다. "가장 중요한 건 눈에 보이지 않아." 어디선가 어린 왕자의 목소리가 들리는 듯합니다.

살아 내는 순간에는 모르다가 세월을 흘려보내고 되돌아볼 때 비로소 알 수 있는 것들이 있습니다. 제가 사춘기 시절을 보낼 때 엄마 나이가 40대 초반이었습니다. 인간이라면 누구나 자기 인생을 한 번쯤 돌아볼 나이죠.

그 시절의 엄마는 홀로 어두운 터널을 걷고 계셨던 것 같습니다. 그때는 몰랐는데 지금 돌이켜보니 알겠습니다. 엄마는 무척이나 화가 나 있었습니다. 엄마도 엄마의 감정을 어찌할 줄 모르는 속수무책의 상황이었다고나 할까요. 심리상담이나 정신과 치료 같은 건 꿈도 못 꾸는 시절이었지요. 엄마의 '혼란'은 엄마 혼자서 감당해야 할 곤혹스러운 짐이었습니다. 본래부터 고왔던 피부까지 성이 나서 시도 때도 없이 엄마를 괴롭혔습니다. 마음이 평평하지 못하니 피부도 울퉁불퉁. 엄마의 고통이 피부 밖으로까지 흘러나왔습니다.

엄마와 저는 거의 매일 으르렁거렸습니다. 엄청나게 불안하고 적대적인 관계로 지냈다는 표현이 적확합니다. 저도 사춘기를 겪고 있던 때라 어느 때보다도 예민하고 반항적이었습니다. 엄마는 제가 이해가 안 되고, 전 엄마가 이해가 안 되고….

저는 엄마의 극단적인 태도와 좀 잡을 수 없는 기분의 희생양이 된 것 같아 서러웠고, 엄마는 뭐라 규명할 수 없지만 속을 뒤집어 놓는 감정들 때문에 괴로워하셨습니다. 엄마의 화는 무의식적인 트집이자 일종의 절규였습니다. 너 때문에 화가 난다고 외치셨지만, 화의 진짜 근원은 제가 아니었습니다.

남존여비 사상이 유독 강했던 집안의 장녀로 태어나 온갖 궂은 일은 다 맡아 하셨음에도 부모에게 칭찬 한번 제대로 듣지 못했던 우리 엄마. '자신이 태어난 가정'도 모자라 '자신이 꾸린 가정'을 위해서도 끝없는 희생을 해야 하니 당신의 인생이 너무 한탄스럽고 억울하셨겠지요.

안 하면 왕창 티 나고 해도 아무도 몰라주는 일, 매일 매일 끝도 없이 반복하지만 정작 자신에겐 남는 게 없는 일, 그게 '엄마의 일'이었습니다. 가족들 모두 엄마의 한결같은 뒷바라지 덕에 각자의 전선에서 열심히 뛸 수 있었습니다. 아빠는 사업에 매진하셨고 저와 동생들은 학업에 매진했습니다. 집 밖의 삶도 호락호락하지는 않지요. 치열하고 경쟁적이고 해결이 시급한 문제들이 눈앞에 줄을 서 있고. 그래도 밖의 일은 성과를 내면 인정도 받고 그에 따른 대가도 따릅니다. '집 밖의 일'은 중요했습니다. 엄마를 제외한 가족 모두에게.

엄마는 식구들이 당신의 일을 자진해서 거들어주길 진심으로 바라셨습니다. 빨랫감을 세탁기 안에 넣어주거나 각자의 방만 알아서 청소해도 당신의 일이 훨씬 줄었기 때문이죠. 물론 엄마의 간절한 요청은 늘 뒷전으로 밀렸습니다. 우리는 더 중요한(?) 일을 하느라 바빴으니까요. 엄마의 좌절감과 실망감은 나날이 커져만 갔고, 가끔은 지나치다 싶을 정도의 분노를 표출하셨습니다.

공부 안 하는 것보다 방 청소 안 하는 걸 더 못마땅해 하시는 엄마의 태도를 전 이해할 수 없었습니다. '아니 세상에 가치 있는 일들이 얼마나 많은데 저토록 집안일에 집착하실까? 집안일 잘해 봤자 뭐가 달라지는데? 난 외할머니의 삶, 엄마의 삶을 다시 되풀이하고 싶지 않단 말이야!'

엄마는 알고 계셨을 겁니다. 저뿐 아니라 가족 모두가 당신의 일을 그다지 중요하게 생각하지 않았다는 걸. 누군가의 생을 위해 자신의 생을 소멸시켜 가며 해 왔던 일들이 업신여겨질 때 어떤 심정이 들까요? 엄마의 분노는 '깊은 슬픔'의 다른 얼굴일 뿐이었습니다. 이 세상에 자기 존재를 부정당하는 것만큼 슬픈 일은 없으니까요.

사실 엄마는 끊임없이 신호를 보내신 겁니다. '나 여기 있어,' '나를 좀 봐줘.' '나 많이 지쳤어.' '이 모든 게 지긋지긋해.' '나를 좀 알아줄 수 없겠니?' '내 일도 좀 인정해줄 수 없겠어?' '나도 사람이야, 제발 나를 좀 도와줘!'

애석하게도 그 애절한 신호를 누구도 제대로 해석해내지 못했습니다. 야단, 힐난, 지나친 잔소리 정도로 치부해 버렸죠. 엄마는 정말 외로우셨을 겁니다. 억울하셨을 겁니다. 원망스러우셨을 겁니다. 그리고 그 복받치는 서러움의 이유를 엄마 자신도 정확히 모르셨을 겁니다.

대표님.

엄마가 살지 못했던 삶을 살아보려고 무던히도 애쓴 것이 제 삶의 역사가 되었네요. 그러나 제가 제 인생을 걸고 지금까지 해 왔던 일들은 그다지 특별할 게 없는 일들입니다. 남들도 노력하면 다 할 수 있고 언제나 대체될 수 있는 일들이죠. 하지만 엄마, 우리 엄마는 이 세상에 유일한 존재인 세 명의 생명을 낳아 키워내셨습니다. 그것도 누구의 도움 없이 오직 자신의 손으로 말이죠. 지금도 그리고 앞으로도 저는 절대로 해낼 수 없는 일입니다. 엄마의 생을 뛰어넘고 싶었지만 그럴 수 없다는 것을 이제 알아 버렸습니다.

대표님이 늘 말씀하셨죠. 생명을 길러내는 것보다 아름답고 위대한 일은 없다고. 천 퍼센트 공감하는 바입니다. 그러니 사랑하는 우리 엄마가 그 위대한 일을 해낸 자신에게 무한한 자긍심을 가지셨으면 좋겠습니다. 그리고 남은 인생을 지금보다 훨씬 더 행복하고 풍요롭게 사셨으면 좋겠습니다.

엄마의 애용품, 엄마가 좋아하는 음식, 엄마가 선호하는 장소 등을 찬찬히 떠올려봅니다. 아는 것도 있고 모르는 것도 많습니다. 타인의 취향에는 그렇게도 촉각을 세우면서 저를 배고 낳고 기르신 엄마의 취향에는 어찌 이렇게도 무관심했는지 정말 통탄할 지경입니다. 전 엄마가 되어본 적이 없습니다. 엄마가 돼 봐야만 알 수 있는 뼈저린 심정들을 저는 잘 모릅니다. 그저 헤아리려고 노력만 할 뿐이지요. 그래서 엄마한테 더 미안합니다. 더 죄송합니다.

언제쯤 자랑스러운 딸이 되어 평생 받은 걸 조금이라도 갚아드릴 수 있을까요? 대표님, 스스로가 한없이 작게 느껴지는 오늘입니다. 가끔은 이런 감정을 가슴에 품은 채 하루를 보내야 하는 날도 있겠지요.

그래도 엄마에게 이 말은 꼭 전하고 싶습니다.

엄마! 정말 고생 많았어,

미안해.

고마워.

그리고 사랑해….

당신의 연주가

#32 심연주에게 보내는 스무 번째 편지

내 꿈에 놀러 와

∧∧∧∧∧∧∧∧∧∧∧∧

연주야.

여기는 브런치 카페야.

팝콘처럼 대화가 바글거리는 가운데 자리를 잡고 앉아 달콤한 빵 하나를 앞에 놓고 너의 이름을 부른다.

연주야! 하고 부르면 미소가 마중 나와.

언제나 나를 염려해주고 응원해주는 연주, 다 잘 될 거라고 토닥여 주는 참 고마운 사람.

그래서 네 이름을 부르면 마음 먼저 따뜻해지고 입가에 미소가 스미나 봐.

연주야.

나는 이제 아팠던 겨울을 지나고 봄처럼 다시 일어나 〈강아지똥〉 투어를 다니고 있어.

'내가 다시 투어를 다니다니!'

아무도 모르게 마음으로 감사 기도를 올려.

내가 걷고, 웃고, 리허설을 하는 모습에 나도 놀란다.

지난겨울 침대에서 아픔에 갇혀 있던 나를 생각해 보면 이 봄 가운데 있는 건 기적이야.

연주야.

난 진짜 기적의 사람이야!

이제 〈강아지똥〉 투어가 끝나면 6월부터는 〈춘섬이의 거짓말〉을 연습하겠지. 너무 감사해~.

그리고 춘섬이 공연이 끝나면 가을 샤를르빌 인형극 페스티벌에 갈 거야. 〈강아지똥〉을 더 새롭고 재미나는 감동으로 만들고 싶어서 가려고 해. 그곳에서 만나는 멋진 아티스트들의 시선을 빌려서 새로운 시선으로 〈강아지똥〉을 보고 싶어.

참 신기하게도 이 작품은 25년을 공연하는데도, 늘 더 멋지게 지어서 관객들과 나누고 싶다는 생각을 해.

권정생 선생님의 『강아지똥』이 워낙 명작이라 공연을 할수록 더 더 더 잘 만들어 드리고 싶다는 꿈이 생기나 봐.

연주야.

난 이 김정숙이 짓는 꿈들이 너무 소중해서 가슴에 꼭 품고 둥실둥실 춤을 춘다.

그리고 기도해.

부디 이 꿈이 지혜로 충만하길, 그래서 많은 꿈들을 비추고 또 비춰서 모두 반짝반짝 빛나길….

내 소원은 오직 그 뿐, 그 밖에는 아무것도 바라지도 쳐다보아 지지도 않아.

내가 더 고요해지고 더 평화롭기를, 그래서 바르고 선한 지혜로 작품을 빚어 관객들에게 드리기를….

오직 이것만이 내가 사는 꿈 - 삶이야!

내 꿈에 놀러 와. ^^

연주야~. ♡

#33 김정숙에게 보내는 열세 번째 편지

남편과 나, 우리의 러브스토리

사랑하는 김정숙 대표님께

　사랑하는 대표님, 안녕하세요! 봄이 오셨습니다. 완연한 봄님이 오셨습니다. 때가 되면 어김없이 찾아와주는 계절이 문득 너무 귀하다는 생각에 높임말을 붙여 보았습니다. 인간의 욕망을 감당하느라 자연이 많이 병들었는데 그래도 아직 제 기능을 잃지 않은 것 같아 깊은 안도감이 듭니다. 사실 저는 봄을 기다리는 사람은 아닙니다. 봄에 우울감을 많이 느끼거든요, 저 같은 사람이 존재한다는 걸 알게 된다면 큰 위안이 될 것 같습니다. 저만 특이한 사람이 아닌 거니까요. 전 가을과 겨울을 더 좋아합니다. 온도가 내려갈수록 내적 에너지가 커져서 생산적이고 활력 있는 일상을 보낼 수 있습니다. 생명이 움트는 계절에 죽음의 기운을 느끼고, 생명이 지는 계절에 생명력을 느끼는 묘한 아이러니.

봄은 밝고 화창해서 뭔가를 숨길 수 없는 계절입니다. 내리쬐는 햇살 아래에선 뚱한 표정도 숨길 수 없고, 점점 상승하는 기온 탓에 겨우내 오른 살을 외투 안에 감출 수도 없습니다. 대표님, 전 적당히 숨기며 사는 게 좋아요. 표정도 몸도 마음도. 평소 타인에게 자기 얘기를 무작정 쏟아내는 사람들도 은근히 경계하는 편입니다. 그럼에도 불구하고 꾸밈없는 저 자신을 마구 드러내도 괜찮은 사람이 이 세상에 한 사람은 있어야겠죠. 저에겐 그 한 사람이 바로 남편입니다.

요즘 저희 부부에게 '수요일'은 주말보다 더 특별한 날입니다. 남편이 일찍 귀가하는 유일한 날이거든요. 저도 이날은 웬만하면 약속을 잡지 않습니다. 그가 집 앞에 도착하면 전 번개처럼 튀어 내려갑니다. 우리 둘은 곧 연애를 시작한 연인처럼 다정하게 손을 잡고 집 근처 시장으로 향합니다. '오늘의 메뉴'를 정하는 일만큼 중대한 일이 있을까요? 진지하게 고민하여 결정해도 막상 시장에 가면 맘이 또 바뀝니다. 시장은 재래식 뷔페거든요. 외식 후엔 간단하게 장을 봅니다. 붕어빵, 호떡, 오징어 튀김 같은 것은 돌아오는 길에 먹는 후식입니다. 사랑하는 짝지와 함께 길 위에서 먹는 디저트는 혀보다 마음을 기쁘게 하고, 배보다 영혼을 채워줍니다.

오늘은 남편이 약간의 감기 기운이 있다고 하여 시장 외식은 한 주 생략했습니다. 대신 남편의 최애 음식인 '감자크림스프'를 만들었습니다. 버터 한 큰술에 감자, 양파, 파를 넉넉히 넣어 볶다가 물 한 컵을 붓고 감자가 다 익을 때까지 끓입니다. 그걸 믹서기에 그대로 넣어 곱게 간 후, 다시 냄비에 옮겨 우유와 생크림을 부어 살살 끓여주면 완성! 물론 간은 소금으로 하고요. 전 깨끗한 바다 소금을 넣습니다. 레시피는 간단한데 스프의 맛은 무척이나 고급스럽고 풍부합니다. 거기에 깜빠뉴 같은 건강빵을 곁들어 주면 훌륭한 한 끼가 되지요. 인스턴트 스프만 끓여줘도 자다가 벌떡 깨는 우리 남편에게 홈메이드 스프 한 냄비를 다 해치우는 건 일도 아닙니다. 음식이 약이 될 때가 있습니다. 정성스럽게 만든 음식은 몸과 영혼을 동시에 치유합니다. 남편이 감기 기운이 다 사라진 기분이라며 헤벌쭉합니다. 돌봄을 받는 기분은 어른에게도 필요합니다. 키 크고 덩치 큰 건장한 성인 남성에게도 필요합니다.

짧은 스포츠머리에 갈색 재킷을 걸치고 한 손에는 자그마한 플룻 가방을 들고 예술고 입시장으로 향하는 16살 소녀가 있습니다. 과거는 잘 기억나지 않는 편인데 그날은 어떤 브랜드의 옷을 입었었는지도 정확히 기억이 납니다. 16살 꼬마 아가씨가 부모의 허락도 없이 어떻게 그 먼 곳까지 혼자 가서 예술고 입시 치를 용기를 냈을까요? 지금보다 훨씬 더 대담하고 당찼던 16살 심연주에게 힘찬 박수를. 이런저런 계기로 연극무대에 몇 번 서본 경험이 있었습니다. 특별한 예술적 기능을 익혀온 것도 아니었기에 제가 문을 두드릴 수 있는 학과는 대사를 읊고 특기 한두 개만 보여주면 되는 '연기과'였습니다.

사실 예술고등학교를 가겠다고 마음먹은 건 예술가가 되겠다는 구체적인 비전이 있어서가 아니었습니다. 일반계 고등학교에 가기 싫었던 게 이유입니다. 중3 때 일입니다. 삭발에 가까운 짧은 헤어컷을 했다는 이유로 담임한테 따귀 맞고 학생부로 질질 끌려가 엄청난 굴욕을 겪은 경험이 있습니다. 미용실 아줌마의 커트 솜씨가 맘에 들지 않아 계속 더 짧게 잘라 달라고 요구한 것이 화근이 되었습니다. 당시 저는 전교 학생회 부회장이었습니다. 학교는 저의 행동이 이유 없는 반항심과 불의한 의도를 가지고 저지른 것이 분명하다고 단정 지었습니다. 그리고는 저를 혐오하였습니다. '타의 모범을 보여야 할 부회장이라는 녀석이 그런 행동을 하다니 절대로 용서할 수 없다.'는 식이었죠. 아무리 설명해도 진실이 먹히질 않았습니다. 처음에는 감당할 수 없을 정도의 수치감과 죄책감을 느끼면서 괴로워했지만 갈수록 분노가 치밀어 올랐습니다. 철모르는 어린 여학생 한 명을 두고 학교 전체가 달려들어

죄를 묻고 벌했거든요. 저를 적극적으로 대변해 주거나 보호해 주려는 어른이 단 한 사람도 없었습니다. 그런 분이 계셨다면 지금도 선명하게 기억하고 있을 겁니다.

별안간 일반계 고등학교에 가기 싫어졌습니다. 한층 더 빡빡하고 엄격해질 학교의 환경을 떠올리기만 해도 식은땀이 나고 숨이 찼거든요. 그래서 이리저리 고심 끝에 선택한 학교가 바로 ○○예고입니다. 선생들도 뜯어 말리고, 부모님도 원치 않으셨지만, 절박하고 단호한 제 의지를 꺾진 못했습니다. 정해진 운명의 길로 걸어가는 이를 그 누군들 막을 수 있겠습니까? 전 당당하게 학교에 입학하여 인생의 새로운 전환점에 이르게 됩니다. 과정이야 어찌 되었든 공식적인 예술학도가 되었으니까요. 학교의 언덕길은 유난히도 가팔랐습니다. 지름길도 없어서 매일 같이 숨을 헐떡거려야 학교 정문에 겨우 다다를 수 있었습니다. 헐떡거리며 살아가야 하는 예술인의 삶과도 묘하게 일치하네요. 예고에 입학한 것은 '신의 한 수'였습니다. 학교생활이 정말 행복했거든요. 솔직히 대학 생활도 그렇게 재밌지는 않았습니다.

그러나 신의 진짜 계획은 따로 있었습니다. 그곳에서 제 인생의 평생 동반자인 지금의 남편을 만나게 되거든요. 우리의 질기고 아름다운 인연의 시작점…. 어쩌면 ○○예고는 남편을 만나기 위해 간 곳일지도 모르겠습니다. 멀리 와 돌아보니 그런 거 같습니다.

중학교 선생님들의 냉혹하고 무자비한 처신이 저를 운명의 장소로 이끌었으니, 좋은 게 다 좋은 게 아니듯 나쁜 게 다 나쁘게 작용하는 것도 아닌 듯합니다.

당시 남편은 1주일에 두세 번씩 학교로 출근하는 연극과 강사 선생님이었습니다. 대학원을 갓 졸업한 패기와 자신감 그리고 번뜩이는 상상력으로 무장한 20대 후반의 청년이었죠. 그러나 대표님, 스승과 제자로 만나 결혼까지 하게 된 우리 부부의 구구절절한 러브스토리는 과감히 생략하도록 하겠습니다. 세상의 모든 '러브스토리의 시작'은 특별하고 애틋합니다. 하지만 나이가 들수록 더 주목하게 되는 건 '사랑의 시작'이 아닌 '사랑의 지속'에 관한 이야기입니다. 사랑을 지속한다는 게 정말 쉬운 일이 아니거든요.

남편을 떠올리면 떠오르는 단어가 있습니다. '편안함'입니다. 흥미로운 에피소드가 하나 있습니다. 남편과의 혼인 의사를 처음 내비쳤을 때 엄마의 근심이 상당했습니다. 남편의 나이와 직업이 맘에 걸리셨던 모양입니다, 딸보다 열 살이 많은 연극쟁이. 그때야 저는 철이 없어서 엄마의 염려를 충분히 이해할 수 없었으나 이제는 알지요, 엄마가 뭘 걱정하셨던 건지. 자식 이기는 부모 없다고 엄마는 딸의 의지를 대차게 꺾지 못하시고 속만 펄펄 끓이시다가

용하다는 점집에 홀로 찾아가 저희 부부의 궁합을 보게 됩니다. 용한(?) 역술가분 가라사대 '이 남자는 딸에게 절간 같은 사람이다. 딸은 이 남자를 통해서 평안을 느낀다. 딸 주변의 나쁜 기운의 사람들을 이 남자가 막아준다. 이 남자와 결혼하지 않으면 딸은 평생 결혼을 안 할 수도 있다.' 나중에 엄마를 통해 전해들은 이야기입니다. 마지막 문장은 약간의 저주같이 들리기도 합니다만, 아무튼 엄마는 이 점괘를 통해 어느 정도, 아니 큰 위안을 얻으셨을 겁니다. 어차피 반대할 수 없는 결혼임이 분명한데 궁합마저 좋지 않았다면 얼마나 마음이 불편했겠어요. 평소 점치는 행위를 불신하는 저이지만 그래도 우리 결혼에 꽤 긍정적인 역할을 한 점괘인 건 인정해야겠지요.

남편에게 편안함을 느끼는 건 지금도 변함이 없습니다. 그와 함께 있을 땐 아무것도 의식할 필요 없는 가장 '나다운 나'로 존재할 수 있거든요. 돌이켜보면 그는 저의 정서적 부모 역할을 해주었던 사람 같습니다. 세상이 두려워 어쩔 줄 모르는 한 존재가 생존하기 위해 붙잡았던 단단한 끈이랄까? 부모에게 털어놓을 수 없고 친구와 공유하기도 뭐한 내면의 복잡한 이야기들을 그에게 다 쏟아냈습니다. 그 어떤 판단도 보류한 채 진심으로 제 말에 귀 기울이며 공감해주는 그의 부드러운 태도가 저를 치유하고 정화 시켰습니다. 저는 '그'라는 연못에서 헤엄치며 뛰노는 물고기였고 '그'라는 숲에서 숨 쉬며 자라나는 나무였습니다.

정체성도 불분명하고 세상살이도 어리숙한 시절에 남편을 만났기 때문에 그에게 많은 걸 의지하며 살았습니다. 인생 경험도 풍부하고 문제 해결 능력이 뛰어난 남편에게 삶의 여러 방면에서 도움을 받았지요. 하지만 그런 든든한 해결사가 옆에서 항시 대기하고 있다는 게 삶에 늘 유리하게 작용하는 것은 아닙니다. 자기 능력을 키우는 힘이 약해질 수 있거든요. 필요에 따라 의지할 수는 있겠지만 의존적인 사람이 되지 않게 주의해야 합니다. 오랜 시간이 걸리긴 했지만, 다행히 저는 두 상태를 적절하게 취하는 건강한 균형감을 가지게 되었습니다. 적절한 의존성은 포용하고 꼭 갖추어야 할 독립성과 주체성을 적극적으로 길러 나갔다고나 할까요? 남편에게 제가 가끔 하는 말이 있습니다. "자기야, 우리의 결혼은 '결합'이 아니라 온전한 '분리'의 과정 같아." '사랑은 마주 보는 것이 아니라 홀로 선 두 존재가 같은 곳을 바라보는 것'이라는 격언의 의미를 체감하며 살아갑니다.

어떤 심리학자가 말하길, 인간은 보통 자신과 비슷한 크기의 트라우마를 가진 사람을 연인 혹은 결혼상대로 선택한다고 합니다.

물론 무의식적으로 행해지는 일입니다. 비슷한 수준의 상처를 지닌 두 남녀가 만나 지지고 볶고 싸우며 성장하는 것이죠. 흥미로운 점은 사랑의 여정 속에서 두 사람 다 성장해야만 관계 지속이 가능하고, 한 사람만 성장하고 나머지 한 사람은 그러하지 못하면 그 관계는 결국엔 깨어진다고 합니다.

결혼하여 함께 살면 자신의 트라우마뿐 아니라 배우자의 트라우마까지 끌어안고 살아가야 합니다. 함께 사는 배우자에게는 감출 수 있는 게 없습니다. 자신도 몰랐던 자기 영혼의 어두운 이면(shadow)이 사나운 인격이 되어 마구 튀어나오거든요. 남편도 저에게 놀라고 저도 남편에게 놀랐던 순간은 너무도 많아 하나둘 세기가 불가능할 정도입니다. 대부분의 관계가 같은 위기에 봉착합니다. 내가 사랑했던 그 사람과 지금 내 눈앞에 서 있는 이 사람이 불일치하다고 느껴지면서 적지 않은 혼란에 빠지게 됩니다. 속았다는 생각이 들기도 하고, 상대뿐 아니라 상대를 선택한 자기 자신에게까지 크나큰 실망감을 느낍니다. 이 상황이 반복되면 관계의 바탕이 되었던 신뢰감은 어느 결에 바닥이 나고 배우자를 향한 끝없는 원망과 불신만 남게 되지요. 이 시기를 잘 지나가야 합니다. 지속할 가치가 있는 관계라면 이 험난한 시기를 현명하게 아니 꾸역꾸역이라도 넘어가야 합니다. 그의 혹은 그녀의 도드라지는 장점과 멋진 모습에 이끌려 사랑에 빠집니다. 그러나 진짜 사랑은 상대의 연약함, 허물, 상처, 트라우마까지 인정하고 끌어안을 때부터 시작됩니다. 결혼은 결국 상처 입은 두 영혼의 결합입니다. 상처 없는 인간은 존재할 수 없으니까요. 결혼 후 서로에게 더 큰 상처를 남길 수도 있지만, 서로를 통해서 개인의 오래된 상처를 치유할 수도 있습니다. 다행스럽게도 남편과 저는 그 피 튀기는 과정을 잘 겪어냈습니다. 아주 가끔은 서로의 트라우마를 가지고 놀려먹는 여유도 부립니다. 치유된 것이죠. 오랜 세월을 거쳐 우리 부부가 일궈낸 소중하고 가치 있는 '사랑의 열매'입니다.

작년, 숨이 턱턱 막일 정도로 습한 여름밤이었습니다. 제가 사는 아파트는 지하 주차장이 없어서 저녁 8시 이후에는 이미 만차입니다. 초보운전자에게 도로 주행보다 더 힘든 게 주차입니다. 게다가 주차 공간까지 보장이 안 되면 더 미칠 노릇. 그 난감한 사태를 막고자 차를 가지고 나가면 일찍 귀가하는 편인데 그날은 중요한 모임이 있어서 늦은 귀가를 피할 수 없었습니다. 걱정할 남편을 위해 출발 전 전화를 했습니다. "자기야, 나 한 시간은 족히 걸려, 피곤하니까 얼른 자, 주차는 내가 알아서 해 볼게." 뭘 알아서 해 보겠다는 건지 저도 모르고 남편도 모를 일이었습니다. 어쨌든 살 떨리는 야간 주행을 가까스로 마치고, 더 살 떨리는 두 번째 관문을 통과하기 위해 비장한 맘으로 아파트 단지로 진입하는 중이었습니다. 그런데 단지 끝 쪽에 남자 한 명이 서 있는 거예요. '누구지? 설마 우리 남편은 아니겠지?' 설마가 사람 잡는다고 남편이 맞았습니다. 얼마나 서서 기다렸는지는 모르겠으나 온몸이 땀으로 범벅이 되어 있었습니다.

"아니 언제 나와 기다렸어?"
"아까."
"어디쯤 왔는지 전화라도 하지!"
"너 중간에 전화 받다가 사고 낼까 봐."
"그렇다고 무작정 나와 기다렸어? 더위라도 먹으면 어쩌려고!"
"그렇게 오래 안 기다렸어, 얼른 내려, 내가 주차해 줄게!"

고맙다는 짧은 한마디로 표현한 게 다이지만, 예상치 못했던 순간에 드러나는 남편의 진한 사랑에 맘이 몽글몽글해졌습니다.
'변함없이 그랬지…. 남편의 사랑이 발휘되는 때는 늘 이런 순간이었어….'
요리, 맛집 예약 같은 건 아예 할 줄 모르고, 선물도 힌트를 줘야만 그나마 준비하고, 좋은 여행지에 배우자를 자진해서 데리고 가는 일은 앞으로도 하지 않을 우리 남편. 그게 불만인 시절도 당연히 있었습니다. 그런 종류의 호의를 진심 원해서라기보다는 다른 여성들은 다 받는 대접을 저만 못 받는 것 같아 서운함이 들었지요. 하지만 세월이 흐르면서 그만의 사랑의 언어의 진가를 알게 되었습니다. 남편은 단 한 번도 저를 바꾸려 한 적이 없습니다. 저건 좀 고쳐줬으면 하는 마음이 왜 없었겠어요, 많았겠지요. 그러나 그 바람을 티내거나 입 밖으로 내뱉지 않았습니다. 상대를 바꾸려 들거나 조정하고 싶어 하는 인간의 원초적인 욕망은 싹부터 잘라내야 한다는 게 남편의 철학입니다. 언제가 남편에게 이런 말을 던졌습니다. "자기야, 난 보라색으로 태어난 사람인데 자기를 만나 천연보라색이 된 것 같아. 만약에 다른 사람을 만났다면 기껏해야 연보라색, 아니면 아예 다른 색이 되어 살아가고 있을 거야." 대단한 것을 해주는 것보다 더 대단한 것은, 상대를 있는 그대로 내버려 둘 수 있는 용기입니다. 어떤 개입도 하지 않는 그의 수동성이 가장 적극적인 사랑의 표현인 셈이죠.

물론 남편도 자기감정을 가감 없이 드러내며 공격적으로 제 삶에 개입할 때가 있습니다. 제가 저 자신을 믿지 못할 때입니다. 참 많이도 흔들리며 살았습니다. 그때마다 남편은 저를 어르고 달래며 품어주기도 하고 역정 아닌 역정을 내며 정신을 차리게 했습니다. '나보다 나를 더 믿어주는' 남편의 확신을 지지대 삼아 지금까지 꺾이지 않고 살아온 것 같습니다. 남편은 저의 꿈 저의 재능 그리고 그것을 확장시켜 나가려는 의지, 그 모든 것들을 가장 고차원적인 수준에서 인정하고 실질적인 지지를 아끼지 않는 사람입니다. 부인 역할은 내팽개치고 음악, 예술만 외쳐대던 철없던 시절에도 저의 욕망을 하대하거나 비웃은 적이 단 한 번도 없습니다. 그는 사랑하는 이의 기쁨과 성장을 위하여 자신의 것을 기꺼이 내어줄 수 있는 귀한 인격을 갖춘 사람입니다. 그의 이타성의 가장 큰 수혜자가 바로 접니다. 저는 그걸 잘 압니다. 그래서 늘 고맙고 미안합니다.

'우리 부부에게 아이가 있었으면 어땠을까?' 요즘 들어 가끔 하는 생각입니다. 남편 반 닮고 나 반 닮은 아이. 보통의 부부가 아이 낳아 키우느라 정신없을 때 우리 부부는 작품을 낳고 키웠습니다. 남편 반 닮고 저 반 닮은 작품을. 그 세월을 그렇게 보내는 것이 우리 부부의 운명이었던 것 같습니다. 타고난 공동의 운명을 거스르지 않고 최선을 다해 살아냈으니 후회가 없습니다.

우리 부부는 늘 함께 있었습니다. 함께 얻고 함께 잃고 함께 환호하고 함께 무너졌습니다. 어떤 순간에도 서로를 놓지 않았습니다. 놓고 싶은 순간에는 더 부둥켜안았습니다. 더 참고 더 기다렸습니다. 서로를 너무 사랑했기 때문이 아니라 그것이 '사랑'이라는 것을 알았기 때문입니다. 인간이 세상에 태어나 유일하게 배우고 떠나야 하는 한 가지, 사랑, 사랑, 사랑.

요즘 우리 부부의 사랑을 통째로 독차지한 작품은 당연 '딸꾹이'입니다. 딸국이는 숨쉬는 인형 같아요. 보고 또 봐도 그립고 자식처럼 예뻐 죽겠어요. 하루하루가 그저 감사입니다. 남편과 저, 딸꾹이 아직 셋 다 건강하니 열심히 사랑만 하면 되니까요. 나머지는 다 부수적인 것들입니다. 인생에서 그다지 중요하지 않은 것들입니다.

며칠 있으면 남편의 생일입니다. 언젠가부터 저는 생일을 소중하게 맞이하려고 노력해요. 그동안 잘 버텨준 몸과 마음에 진심어린 고마움을 표현해야 한다고 생각하거든요. 남편에게 생일날 뭐를 가장 먹고 싶으냐고 물으니 오곡밥과 엘에이 갈비랍니다. 뜬금없이 웬 오곡밥인가 싶지만 해달라고 하니 해 주면 되죠. 어렵지 않으니까. 세상의 하나뿐인 소중한 단짝의 생일이니까.

마지막으로 몇 년 전 발매한 제 노래 '결혼 생활'의 가사를 떠워 봅니다. 결혼 생활의 기쁨을 소소하게 표현한 곡입니다.

대표님! 그럼 또 뵈어요. 오늘도 건강하시고 행복하세요. 사랑

249 · 심연주의 편지

합니다!

〈결혼 생활〉

긴 하루가 지나고
말없이 지쳐 잠든
널 보면 안쓰러워
음~

끝없는 삶의 문제
풀리지 않는 숙제
너 또한 지치겠지
음~

우리만 매일매일 보고 싶어서
우리만 대화하고 웃고 싶어서
우리만 꾸는 꿈에 닿고 싶어서
우리만 아는 슬픔 위로하고 싶어서

서로 다른 두 사람이 만나

싸우고 화해하고

때론 같이 울고 철이 들고

진짜 사랑 알아가는 기쁨

긴 침묵이 끝나고

두 눈을 반짝이는

널 보면 웃음이 나

음~

당신의 연주가.

#34 김정숙에게 보내는 열네 번째 편지

아침표가 없는 마지막 편지

사랑하는 김정숙 대표님께

대표님! 안녕하세요. 찌는 여름 잘 견디고 계실지 궁금합니다. 새 작품 지으시느라 거의 연습실에 계실 터이니 한낮의 무더위는 피하실 수 있어 다행입니다. 요즘엔 새벽 5시 반쯤 일어나도 해가 중천입니다. 부지런한 새들은 더 일찍부터 지저귀고요. 나름의 운치가 있긴 하지만 그래도 전 까맣고 쥐 죽은 듯 고요한 겨울 새벽이 벌써 그립습니다. 운동은 서둘러 나갑니다. 대기 온도가 급속도로 올라가 조금만 늦어져도 낭패거든요. 한낮의 태양은 겁이 날 지경으로 뜨겁습니다. 밖이 더워질수록 실내 온도는 더욱 낮아집니다. 에어컨 실외기에서 뿜어져 나오는 열기가 지구를 달굽니다. 대표님, 전 진심으로 지구가 걱정돼요. 자연 앞에 서면 늘 죄짓는 자의 기분이 듭니다. 기분이 아니라, 죄짓는 자 맞지요.

지난주 토요일은 제가 처음으로 프로듀싱한 작품 음악극 〈그래도 조이풀〉의 시연회 날이었습니다. 아직 갈 길은 구만리지만, 그동안의 노력이 헛되지 않았다고 느껴질 만큼 의미 있는 공연이었습니다. 그런데 공연 후 사건이 터졌습니다. 한창 크고 있는 아이들의 아빠라 남들보다 일찍 귀가한 배우 한 명이 자기 집 앞에서 어이없는 사고를 당한 것입니다. 나중에 자세한 경위를 들어보니 하마터면 아주 위험한 상황까지 갈 뻔한 사고였습니다. 골반 뼈가 부러지고 꼬리뼈에도 금이 갔다고 하는데 그것만도 큰 사고이지만, 천만다행으로 수술하는 건 면했고 지금은 입원 치료 중입니다.

안 되는 상황을 되게 하여 모두가 헌신해서 완성한 작품을 선보인 날이었던 만큼 공연 후 분위기는 축제 같았습니다. 뒤풀이 자리도 좋았습니다. 좋은 평에 취하여 우쭐하거나 나쁜 평에 매달려 낙담하는 자리가 아닌, 서로의 노고에 진심 어린 감사를 표하고, 작품의 무궁한 발전을 기원하는 감격의 자리였습니다.

저에게도 그 시간이 무척이나 각별했습니다. 음악극 한 편을 홀로 기획하여 진행하는 과정이 만만치 않았거든요. 이런저런 시행착오를 겪으며 마음고생도 많이 했지요. 수개월 동안 가슴팍을 짓

누르던 의무감의 돌덩이를 내려놓으니 살 것 같았습니다. 오랜만에 느껴보는 해방감에 취해서 벌떡 일어나 춤이라도 출 것같이 상기된 순간에 별안간 핸드폰 벨이 울렸습니다. 불길한 예감은 왜 틀리는 적이 없는지 모르겠습니다. 총천연색이었던 주변이 일순간에 회색빛으로 변했습니다. '천국에서 지옥으로 떨어지면 이런 기분이 들까?' 새벽 한 시가 넘은 시각이었습니다. 남아 있는 동료들에게 작별 인사 한마디 못하고 그 자리에서 뛰쳐나와 남편과 함께 동료가 있다는 병원 응급실로 향했습니다. 유달리 조용하고 차분한 도시의 새벽이 유난히 어지러운 제 마음과 대조되어 꿈꾸는 듯한 착각이 들었습니다. '내 감정이 추락한 거지 아직 현실이 추락한 건 아니잖아.' 그 생각을 붙드니 조금은 살 것 같았습니다.

생각해 보니, 기적이었습니다. 극단 창단 이래 지금까지 그 많고 많던 공연을 별다른 사고 없이 올릴 수 있었던 것 말이죠. 우리가 모르고 지나간 위험천만했던 순간이 얼마나 많았을까요? 인간의 '준비'로만 무사할 수는 없습니다. 존재의 머리카락까지 보호하시는 하늘의 손길이 느껴질 때마다 너무나 감사해서 광화문 광장 한복판에서 무릎을 꿇고 싶을 정도입니다.

사고 난 동료 배우의 골반 뼈는 치료와 재활만 잘하면 정상적으로 회복된다고 합니다. 몇 주 후에 올리는 정식 공연에 참여하는 건 불가능하고요. 그래서 제가 백방으로 뛰며 대체 배우를 찾고 있습니다. 그게 프로듀서가 할 일이니까요. 사실 비상 상황이 맞는데 크게 염려되지는 않습니다. 사랑하는 동료가 더 크게 다치지 않은 것이 얼마나 다행인지 모르겠습니다. 나머지는 방법을 찾아 해결하면 됩니다. 공연은 어떻게든 올라가게 되겠지요.

서론이 길었습니다. 대표님, 이제 우리 얘기해요!
"글이 참 편안하게 느껴진다. 욕망하지 않는 자유가 진솔하게 삶과 사랑을 들려주어 깊은 공감이 이루어지네."

최근에 제 편지를 읽으시고 문자로 보내주신 대표님의 짧은 감상평입니다. '욕망하지 않는 자유'라는 글귀가 참 맘에 들어요. 통찰과 직관력이 무척이나 뛰어난 분인지라, 대표님이 그렇게 느끼셨다면 그게 맞는 것입니다. 생의 전반에 걸쳐 필사적으로 붙들고 있던 갈망의 끈을 놓아 버리니 다른 차원의 세계가 펼쳐집니다. 욕망은 항상 못된 친구들을 끌고 다닙니다. 바로 집착과 미련입니다. 욕망을 하나둘 내려놓으니 끈덕진 집착과 헛된 미련도 같이 떠나갑니다. 의식적으로 놓은 것보다는 저절로 놓인 게 맞는 거 같습니다. 어쩌면 이제 '때'가 되어 자연스럽게 인생의 다음 페이지로 넘어간 것인지도 모르죠. 전보다 마음이 자유롭습니다. 마음이 자유로우니 삶이 가벼워지고 표정도 편안해집니다.

'특별한 직업인이 되어 특정 무언가를 특출 나게 해내는 사람.' 진한 연필로 꾹꾹 눌러가며 그려내고 싶었던 저의 모습입니다. 이제는 바뀌었습니다. 스스로 그린 제한된 선 안에 저 자신을 가두고 싶지 않습니다.

저는 누구도 될 수 있습니다. 그리고 아무것도 되지 않아도 괜찮습니다. 무엇을 해도 상관없고, 설령 아무것도 하지 못하는 순간이 오더라도 저 자신을 미워하거나 탓하지 않으려고요. 인간으로 태어났다는 것은 그 자체로 위대한 사건입니다. '나'라는 고유한 존재로 태어났다는 것은 더 큰 기적이고요. 모든 것을 다 가져도 자기를 잃으면 무용하고 모든 걸 다 잃어도 자기만 지켜낼 수 있다면 살아나갈 수 있습니다. '정말 그럴까?' 의심스러울 때도 없진 않지만, 더 그렇게 믿고 살아가려 합니다. 외롭고 험악하고 때로는 구질구질한 인생살이지만 그 너머에 나만이 볼 수 있고 나만이 누릴 수 있는 진귀한 보석들이 숨어 있습니다. 인간은 어쩌면 그 보석들을 찾기 위해 태어난 존재들이 아닐까요?

예술은 위대하고 배울 것이 끝이 없습니다. 배울 게 한정된 것보다는 무한한 게 좋은 것이지요. 예술은 제 삶의 구심점이었고 앞으로도 그럴 것입니다. 솔직히 고백하자면 저는 '고귀한 인간성'보다 '뛰어난 예술성'을 더 높이 쳤던 사람입니다. 만약 신이 저에게 둘 중 하나의 성질만 가지라고 명했다면 전 1초의 망설임 없이 후자를 택했을 것입니다. 지금은 어떨까요? 1초의 망설임 없이 전자를 택할 겁니다. '인격이 재능을 보호한다'는 누군가의 말처럼, 고결하지 못한 인격은 제아무리 뛰어난 예술성도 오래 감당할 수 없고 결국엔 어떤 식으로든 그것을 파괴해 버릴 거라 확신하기 때문입니다.

대표님. 아이러니하게도 저는 예술을 향유하지 못하는 예술가였습니다. 향유는 예술을 소비하는 자들의 몫이라고만 생각했어요. 창작자나 행위자는 고통스러워도 마땅한, 아니 고통 속에서 몸부림쳐야 하는 존재들이라고 여겼지요. 물론 아예 틀린 이야기는 아닙니다. 그러나 조금 달리 생각해 봅니다. 고통과 절망의 바다인 인생을 항해하면서도 충분히 행복한 사람으로 살아갈 수 있듯이 예술가도 창작의 괴로움과 연습의 압박감을 기쁨과 충만감으로 전환시킬 수 있습니다. 이건 근거 없는 낙관이 아닙니다. 스스로를 향한 실망감과 불만족으로 인해 나락으로 떨어졌던 제가 경험한 진짜 이야기입니다. 더 발견하고 더 놀라면서 자신이 이룬 크고 작은 예술적 성과에 가슴 깊이 감사해하고 만족할 수 있다면 지금보다 몇 배는 더 행복한 예술인으로 살아갈 수 있습니다.

대표님께 편지를 쓰는 것도 어찌 보면 문학적 예술 행위인데 여기에는 어떤 괴로움도 존재하지 않습니다. 인생을 살아가면서 느껴지는 감정들, 제 나름대로 터득한 이치들, 세상을 바라보는 저의 관점 등을 솔직하게 전달하는 것에만 온전히 집중하기 때문입니다. 성공을 바라는 욕망도 없고, 나를 증명하겠다는 치기도 없고, 완벽해야 한다는 강박도 없습니다. 그러니 너무나 자유롭고 만족스럽습니다. 대표님이라는 구체적인 대상이 있고 그 대상에게 제 이야기를 잘 전달해야겠다는 의지밖에 없습니다. 그 의지를 글로 표현하면 문학이 되고, 그림으로 표현하면 미술이 되고, 음으로 표현하면 음악이 되겠지요. 삶과 예술이 더욱더 괴롭게 느껴지는 것은 갖지 말아야 할, 아니 가질 필요도 없는 세속적인 기대감 때문일지도 모르겠습니다.

예술의 위대함을 아는 것은 중요하지만 거기에 압도당할 필요는 없습니다. 예술도 결국 인간에 의해서 탄생되었으니까요.

대표님! 전 앞으로 이런 예술가가 되고 싶어요, 아이 같은 호기심을 가지고 재밌고 자유롭게 자신을 표현하여 세상의 아름다움에 조금이라도 일조하는 사람.

2022년, 그러니까 새해 아침이었죠. 하늘에서 받은 천명을 전해야 하는 사람처럼 과감하고 막중한 태도로 대표님께 전화를 드렸습니다. 짧은 새해 인사를 마치자마자 다짜고짜 대표님께 여쭈었지요. "대표님! 저희 서로에게 하고 싶은 이야기를 편지로 써 보면 어떨까요?" 아직도 감사한 건, 저의 뜬금없고 느닷없는 제안에 그 어떤 질문이나 반감 없이 흔쾌히 응해주셨다는 사실입니다. 저의 의도는 분명했습니다. 귀로 들어 제 맘에만 간직했던 대표님의 이야기를 글로 기록해서 더 많은 이들에게 공유하자는 것이었습니다. 거기에는 너무나도 배울 것이 많기 때문입니다. 예술가로서, 여자로서, 그리고 한 인간으로서.

편지글 곳곳에 대표님이 보입니다. 주어진 하루를 낭비하지 않고 감사와 정성으로 보내는 대표님, 보통의 인간이라면 공포에 휩싸여 한 발자국도 떼지 못할 위기의 순간에도 이야기 짓고 작품 만드는데 사력을 다하는 대표님. 잃어버린 인간성을 회복하여 생명과 사랑 넘치는 세상 되게 해달라고 달님에게 빌고 또 비는 대표님, 그리고 그 작고 여린 등허리에 '우주'만 한 인생을 업고 조용하지만 단호한 의지로 자신의 길을 걸어가고 계시는 대표님.

출판이 현실이 된다니 제 목표는 이룬 것입니다. 그저 감사하고 신기할 따름입니다. 제가 느낀 것을 더 많은 이들이 느꼈으면 좋겠습니다. 게다가 덤으로 크게 얻은 것이 있습니다. 편지를 주고받은 기간에 비해 많은 양의 편지를 쓰지는 못했지만, 고민과 성찰의 양은 적지 않았습니다. 최대한 거짓 없이 너무 진하지도 않고 너무 묽지도 않게 저의 이야기를 전달하고 싶었습니다. 편지 쓰기를 통해 저 자신을 전보다 객관적으로 바라볼 수 있게 되었고, 태어나서 지금까지의 생의 서사가 조금은 정리된 기분이 들어 마음이 개운합니다.

  4년 전의 저와 지금의 저는 무척 달라져 있더군요. 무언가를 꽉 쥐고 싶어 안달이 나 있던 주먹이 꽤 느슨해졌습니다. 그 변화와 성숙의 과정을 글로써 확인할 수 있으니 그저 감사할 뿐입니다. 그리고 무엇보다 감사한 건 이 편지의 수신자가 다른 누구도 아닌 바로 대표님이라는 사실입니다. 아름답고 고귀한 어른께 자신의 속 깊은 이야기를 전할 수 있다는 건 귀한 특권 같은 것입니다. 모든 이치를 다 이해하고 사랑으로 받아주실 분이란 걸 알았기에 마음껏 솔직할 수 있었습니다. 치부나 연약함을 드러내는 것도 서슴지 않았고요. 물론 지나친 솔직함은 선을 넘거나 격을 무너뜨릴 수 있기에 늘 조심했습니다. 만약 제 글이 사적인 감정의 남발과 해소가 아닌 균형감이 있고 정화된 언어로 느껴진다면 그건 모두 대표님 덕분입니다. 보아 주고 들어 주는 이에 따라 인간의 이야기는 다르게 쓰일 수 있다는 것을 깊게 깨달았습니다.

  4년 전, 대표님께 용기 내어 전화 드렸던 그 순간에도 저는 걷고 있었습니다. 오늘의 아침 산책도 이미 마친 상태입니다. 초반에 언급했던 가슴 쓸어내릴 사건으로 인해 마음이 산란하고 앞으로 수습할 일들이 막막하게 느껴지기도 합니다. 그러나 혼란에 취해 한탄만 늘어놓는 것이 가장 쉬운 선택이겠지요. 이런 때일수록 질서로 다져 놓은 삶의 루틴을 충실하게 실천하려고 합니다. 그리하면 무너졌던 마음이 세워져서 곧바로 전진할 수 있거든요.

 의사의 당부대로 재활을 위해 전 죽을 때까지 매일 꾸준히 '걷기 운동'을 해야 합니다. 어지럼증 발병 후 17년 동안 충실히 걸어온 덕에 육체도 강해지고 정신도 강해졌습니다. 인생길은 어떨까요? 저만의 길을 개척해서 살겠다고 의지적으로 다짐해 본 적은 없습니다. 전 개척 정신이 그리 뛰어난 사람이 아니거든요. 다만 때로는 속삭이고 때로는 부르짖는 영혼의 목소리를 무시하지 않으려고 노력하며 산 것은 진실입니다. 영혼의 목소리는 늘 저에게 꼭 맞는 길을 제시하거든요. 삶의 우연과 필연이 씨실이 되고 제 의지와 선택들이 날실이 되어 직조된 길이 제 뒤로 뻗어 있습니다.

 어느덧 인생의 반을 걸어왔습니다. 인생의 후반부를 맞이하는 게 설레기도 하고 두렵기도 하고 그렇습니다. 아무것도 모르고 무작정 살아온 게 인생의 전반부였다면 이제는 조금은 알고 살아갈 수 있어서 다행입니다. 제대로 산다는 게 어떤 건지, 무엇이 가치 있는 일이고 어디에 생의 참 의미가 숨어 있는지 이제야 조금은 알 것 같습니다. 나답게, 행복하게, 감사하게, 진실 되게 살아가며 나머지 인생길, '저만의 인생길'을 잘 완성해 보겠습니다.

사랑하는 대표님! 저의 편지는 여기까지입니다. 너무 아쉽게 여기지 마세요. 우리의 우정은 영원히 계속될 테니까요. 아프지 마시고, 지금보다 더 건강해지셔서 대표님의 역작이 될 '안데르센의 꿈'을 꼭 이루세요. 저도 기쁘게 동참하겠습니다!

　사랑하고 존경합니다.

　사랑하고 존경합니다.

　사랑하고 존경합니다.

　- 당신의 영원한 소울메이트 연주가

창작과 삶 사이, 편지가 있었다

등록   1994.7.1 제1-1071
초판 1쇄 발행   2025년 12월 25일

지은이   김정숙, 심연주
펴낸이   박길수
편집장   소경희
편집·디자인   조영준
일러스트   정수미
관 리   위현정
펴낸곳   도서출판 모시는사람들
         03147 서울시 종로구 삼일대로 457(경운동 수운회관) 1306호
전 화   02-735-7173 / 팩스 02-730-7173
홈페이지   http://www.mosinsaram.com/

인 쇄   피오디북(031-955-8100)
배 본   문화유통북스(031-937-6100)

값은 뒤표지에 있습니다.
ISBN   979-11-6629-253-8   03810

* 잘못된 책은 바꿔 드립니다.
* 이 책의 전부 또는 일부 내용을 재사용하려면 사전에 저작권자와
  도서출판 모시는사람들의 동의를 받아야 합니다.

> 이 도서는 2025년 문화체육관광부의 '중소출판사 도약부문
> 제작지원' 사업의 지원을 받아 제작되었습니다.